Best-seller

COACHING DE CARREIRA

Literare Books
INTERNATIONAL
BRASIL · EUROPA · USA · JAPÃO

Presidente:
Mauricio Sita

Capa, diagramação e projeto gráfico:
Cândido Ferreira Jr.

Revisão:
Gisele Giornes

Gerente de projetos:
Gleide Santos

Diretora de operações:
Alessandra Ksenhuck

Diretora executiva:
Julyana Rosa

Relacionamento com o cliente:
Claudia Pires

Impressão:
Rotermund

Dados Internacionais de Catalogação na Publicação (CIP)
(Câmara Brasileira do Livro, SP, Brasil)

Coaching de carreira / [coordenação editorial Mauricio Sita]. -- São Paulo : Literare Books International, 2016.

Vários autores.
Bibliografia.
ISBN 978-85-9455-009-5

1. Carreira profissional - Administração
2. Carreira profissional - Desenvolvimento
3. Carreira profissional - Planejamento
4. Sucesso profissional I. Sita, Mauricio.

16-06206 CDD-650.14

Índices para catálogo sistemático:

1. Carreira profissional : Desenvolvimento : Administração 650.14

Literare Books International
Rua Antônio Augusto Covello, 472 – Vila Mariana – São Paulo, SP
CEP 01550-060
Fone/fax: (0**11) 2659-0968
site: www.literarebooks.com.br
mail: literare@literarebooks.com.br

Sumário

1 **Caso Drika**
Ana Laura de Queiroz p. 5

2 **A escolha da profissão: desafios, dilema e realização**
Antonia Braz p. 19

3 **Quem você seria se fosse realmente feliz com seu trabalho?**
Eduardo Estellita p. 33

4 **É possível ter a carreira que se sonha**
Lorraine Dias p. 47

5 **Os quatro pilares do desenvolvimento e a assertividade**
Paula Martucci p. 57

6 **Sua carreira, sua obra**
Renata Nigri p. 83

7 **Escolhendo uma carreira**
Risolene Coutinho de Sousa p. 99

8 **Coaching de carreira - Coaching e empowerment**
Valter Assis p. 115

9 **Carreira e sucesso: o coaching como instrumento de potencialização**
Wladimir Martins p. 129

1

Caso Drika

Foram 21 anos de alegria, frustrações, aprendizados na empresa. Uma vida! Entretanto, precisava ser mãe na íntegra. Pedi para ser desligada. Rompimento difícil. Amava a empresa e trabalhar. Há cinco anos na profissão de mãe em tempo integral. Descobri muitas coisas nesse período. As crianças cresceram. E agora? O que fazer? No que me candidatar? Ser o quê? Tenho habilidades? Quero trabalhar

Ana Laura de Queiroz

Ana Laura de Queiroz

Pós-Graduada em *Coaching* e Líder *Coach* com base Ontológica e Neurobiológica *Latu Sensu* – UNIBR. *Coach* Organizacional de Equipes e Liderança – *Certificate Program* e ASTD *Education Program Personal & Professional Coach* – Sociedade Brasileira de *Coaching*. Coautora dos livros *O segredo do sucesso pessoal, A arte da guerra – Desperte o Sun Tzu que está dentro de você e Manual de relacionamento com o cliente pela Literare Books*. Graduada em Pedagogia Plena – Universidade Federal de São Carlos. Especializações: Didática, Psicologia da Educação, Sociologia da Educação. Consultora em empresa de Treinamento e Desenvolvimento Gerencial e Liderança. Sócia proprietária da OXI Desenvolvimento. *Coach* individual para desenvolvimento pessoal e profissional. *Coach* de equipe em empresas ou pequenos grupos que queiram se desenvolver. Consultora em Desenvolvimento de Liderança no SENAC de Guarulhos. Trabalho voluntário no Centro de Convivência da Prefeitura – Jabaquara – *coaching* em grupo da terceira idade.

Contatos

www.oxidesenvolvimento.com.br

analaura@oxidesenvolvimento.com.br

(11) 99253-8905

E assim inicia a história de Drika. Em 2014, quando veio até meu espaço para conversarmos, trouxe essa angústia (conforme ela me dizia) e ela completa a frase com: Como disse Shakespeare, muito apropriadamente, em Hamlet – *"To be or not to be, this is the question"*.

Drika (carinhosamente) falou durante quase uma hora expressando suas dúvidas e que voltar ao mercado de trabalho nesse momento de sua vida é de grande importância para sentir-se útil. Comenta que deixou de ser útil para ela mesma há cinco anos e que gostaria de voltar a ser a pessoa que representa o valor de ensinar os outros.

Tá sobrando mãe! Quero conquistar minha identidade profissional, quero descobrir qual é meu segmento, buscar capacitação se necessário.

Ouvi-la atentamente foi um grande exercício para não fazer inferências, ou dar opinião ou até mesmo controlar minha ansiedade em ajudá-la imediatamente.

Naturalmente, com a permissão da Drika, fiz algumas anotações para, no final deste primeiro encontro, confirmar coisas que ela disse e se eu havia compreendido o que ela disse.

Como delinear os eventos que ela relatou para que eu pudesse fazer um trabalho coerente com seu desejo, mas que não fizesse intervenções para ela decidir por si mesma? Que possibilidades ela teria de desenvolver no processo de *coaching* uma escolha a fazer, ou decisão a tomar, ou até mesmo chegar à conclusão de que continuaria a ser mãe?

Quando conversamos com as pessoas, não sabemos o que irá de fato acontecer no processo. E esse é um dos motivos que me levou a tomar cuidados necessários e a adotar um diálogo também de autoconhecimento para eu entender alguns fenômenos que poderiam estar impedindo a Drika de entrar em ação no seu desejo.

Partindo dessa premissa, pensei em subir na escada de inferência com pesquisas, questionamentos, para elaborar o raciocínio e transformá-lo em pensamento lógico.

Pedi a ela, nessa semana, que pensasse um pouco sobre o significado de ser útil.

> **Segundo encontro** – Curioso é como muitas vezes preparamos a sequência do que iremos conversar com nosso *coachee*, em decorrência da conversa anterior. Puxar esse fio pode ser uma tendência natural. Porém, muitas vezes, o *coachee* nos traz questões diferentes daquela que ele conversou no primeiro encontro.

Compreender esse fenômeno, em especial nas primeiras sessões, é importante para que possamos deixar o cliente à vontade e, aos poucos, formando vínculos de confiabilidade e "estar mais de acordo com sua existência" (Leonardo Wolk).

Nesse segundo encontro, Drika traz novos diálogos e preocupações:

Sentia-me sobrecarregada! Fazia muitas coisas e buscava outras tantas para fazer. Eu me via sempre me colocando no lugar dos outros e tinha dificuldade de dizer que já fiz a minha parte. Sou uma pessoa que preciso de clareza quando trabalho.

Percebi que ela falava da época em que trabalhava fora de casa e confirmei se havia entendido certo e, nesse momento, modifiquei um pouco a visão do primeiro encontro.

Fiz a pergunta que havia deixado como reflexão para a semana.

Qual o significado de útil para você?

E acrescentei: Quais as coisas que te frustram no trabalho?

Trouxe o diálogo para o presente na tentativa da Drika fazer uma sinergia entre útil e frustração na sua visão.

Ela comenta que sua preferência é reorganizar, rever os processos em especial quando a liderança "não tava nem aí".

— Quando eu ficava na função de líder, delegava, mas fazia junto. Sempre tive dificuldade em dizer não e, outra coisa, de me olhar e dizer que sou boa.

— Acho que isso pode vir da minha educação, tinha pais que achavam ter obrigação de sustentar e não davam acesso aos filhos, mesmo já grandes. Muitas vezes me sentia ferida e eu me recolhia sem falar nada e mudava meu comportamento. Nós tínhamos que seguir a cartilha dos pais e era uma sensação de inutilidade e eu ficava frustrada.

Drika olha com aquele olhar penetrante em meus olhos e diz: Acho que percebo não estar muito alinhada com as coisas que penso, falo e faço e talvez, por isso, não encontre um caminho para trabalhar.

Hoje estou percebendo que preciso acertar as coisas dentro de mim, como meus valores individuais e a maneira que estou vendo o que é ser útil e poder alinhar isso com um trabalho futuro.

Você gostaria de pensar a respeito dos seus valores? E também das coisas que hoje estão te limitando? Conversaremos no próximo encontro?

Sim, vou refletir a respeito de tudo isso.

> **Terceiro encontro** – Foi muito bom pensar a respeito de valor. Eu tenho alguns que não quero abrir mão. Como honestidade, integridade, confiança, honrar e educar. Para mim esses valores são imprescindíveis, porém gosto muito também do bom humor, ser direta no que falo, gosto de facilitar, ter consciência. Pensei também sobre coisas que podiam me limitar e encontrei algumas que não gostei e me assustaram. Entendo que muitas vezes me coloco no lugar obscuro da coitadinha. Fiquei chocada com isso. Por que sou uma coitada? Sei que não entraremos em causas psicoterapêuticas, mas tenho de pensar muito sobre isso e o que pode estar interferindo em decisões sobre trabalho. Pensei que tenho dificuldade para buscar, como fazer isso? Se não aprendi quando era pequena e adolescente, o que isso pode estar interferindo em mim hoje? Ana que desconforto?

Como posso nesse momento te ajudar melhor, Drika? O que você quer?

Posso ir embora hoje? Sim, claro, porém você está bem para dirigir em segurança?

Sim, estou bem para dirigir.

Abraçamo-nos e meu abraço foi acolhedor.

> **Quarto encontro** – Drika chegou mais alegre e de certo modo feliz. Perguntei como estava. Disse-me que estava bem e que teve muitas descobertas essa semana que passou.

Eu disse: conte-me tudo, brincando e sorrindo para ela.

Ana, entendi que estava fazendo coisas que não terminava e que eu não me envolvia o suficiente com as coisas que eu fazia. Também descobri algumas crenças que me limitam como pecado é feio, proibido é errado, sentir vaidade ou será que é envaidecida?

<u>Tudo bem, e o que você descobre com essas descobertas?</u> Rimos.

Ah! Pensei que hoje, aqui falando isso pra você, é o meu touché! Vou te falar uma metáfora: por que o cachorro corre atrás do carro? Poxa agora a roda parou e o que eu faço?

<u>E o que quer dizer exatamente?</u>

Que eu posso.

<u>E o que você pode?</u>

Posso colaborar com a flexibilidade da vida.

<u>Da vida de quem?</u> Rimos.

Da minha vida. Talvez não seja um trabalho efetivo ou em uma empresa. Eu quero realizar algo e também posso sim ficar envaidecida com as coisas boas que faço, isso melhora minha autoestima. Também estou entendendo que não tem problema, que não é feio ser feio e que posso subir um degrau na minha vida ou até vários.

<u>Qual é teu prêmio com todas essas percepções ou descobertas?</u>

Nossa... Meu prêmio? Quando fiz a metáfora, me ocorreu que, quando a roda parou e o cachorro não sabia o que fazer, ele podia voltar para casa e fazer isso novamente.

Fez-me lembrar de quantas vezes eu tenho a felicidade da segurança de um lar dinâmico e que eu não dava importância suficiente para isso, tinha como um peso em minha vida. Também me dei conta da boa sorte por ter um marido que é provedor e que posso buscar algo com calma para ser mais assertiva. Acredito que tenho muitos prêmios que não via.

Drika, essa semana você poderia pensar em condensar todas essas informações para realinharmos nossos encontros e podermos avaliar se o caminho está indo bem para você?

Claro, farei isso.

> **Quinto encontro** – Drika trouxe sua visão das primeiras sessões: expõe um cenário de uma pessoa com vontade de trabalhar, porém é necessário realizar antes algumas mudanças em seus padrões, aceitar o contexto atual de vida e priorizar seus potenciais.

Perguntei: quais são seus potenciais?

Ana, não disse a você que sou formada em inglês nível universitário e mestrado. Fiz curso em Londres.

Ah! Parabéns, Drika!

Então, isso veio na minha mente quando pensei a respeito dos valores. Eu adoro ensinar. E por que não inglês?

Mas eu quero fazer algo diferente. Algo que não seja nos métodos tradicionais.

Você está me dizendo que encontrou um trabalho? É isso? Rimos.

Sim é isso. Estava bem na minha frente e eu não via. Só não sei como fazer isso. Rimos novamente.

Você me permite utilizar uma ferramenta para elucidarmos algumas coisas?

Sim, claro.

O que você faz hoje e que gostaria de manter?

Quero continuar estudando.

Rezar, cuidar dos meus filhos, marido e casa.

Comer sem culpa, observar as pessoas, escrever, aconselhar, explanar.

Você quer realçar algo?

Falar com convicção, decidir, demonstrar afeto, me organizar, pensar em mim, me sustentar, me valorizar, sair mais com o marido.

Há coisas que gostaria de eliminar?

Subestimar-me, aceitar imposições, mentir, fingir, intolerância, insegurança.

Quer transformar algo?

É muito difícil para mim, até sofrido, mas quero muito perdoar, limpar a mente, fazer economia, dar uma segunda chance, perder tempo. Nossa, podemos parar por hoje?

Claro, eu disse.

Até a próxima.

Despedimo-nos mais uma vez com aquele abraço acolhedor.

> **Sexto encontro** – Eu tenho gostado mais de mim. Não quero o que era antes. Drika fala dos filhos, da casa, de como está realizando mudanças que foram percebidas em nossas conversas, está pondo a "casa interna em ordem". Fala sobre liberdade, fala sobre expor-se (como catalizador de suas emoções). Comenta sobre o medo de fazer o que deseja, fala novamente sobre os filhos, como mãe orientadora, protetora, crítica, sobre não ter mecanismos de defesa a todo o momento.

Diz que começa a compreender que pode expor e indagar – texto conversado como meio de conhecimento para gerar mais contextos de (Stephen Covey) foi elucidativo.

"A maioria dos temas é complexo e apresenta diferentes facetas, mas as pessoas veem problemas exclusivamente a partir do seu ponto de vista, convencidas de que é o único possível". Foi um tema abordado que chamou a atenção da Drika e que ela trouxe como resposta a uma decisão muito importante para ela.

Entendo que é possível lidar com o inesperado e que dificilmente eu optava por algo desconhecido. Fala de um trauma vivenciado e sua superação. Quero satisfazer minhas necessidades de realização, quero fazer parte do contexto de minha vida, não me isolar. Compreendo que minha opinião vem de diversas vertentes e que elas não são palavras máximas. Sobre o amor e a convivência em casa, quero cultivar isso. Entendo que quero tomar cuidado com minhas projeções. Eu ainda me vejo uma pessoa inflexível, intolerante em alguns assuntos e com algumas pessoas.

Gostaria de fazer uma atividade com você, posso?

Claro.

Drika, é uma atividade para você desintoxicar de algumas dessas coisas que disse acima. Chama-se coluna da esquerda. Peço por favor, que você, nessa folha de papel dobrada de comprido, conte do lado esquerdo uma situação (diálogo) em que você teve uma chateação ou outra coisa como queira denominar e que foi difícil para você.

Drika escreve. Conta o fato como foi.

Do lado direito da folha, escreva o que você queria dizer e não disse. Assim foi feito. Abaixo da folha, peço que você escreva como você quer manter o diálogo com essa pessoa diferente do que foi explanado. Faça um novo diálogo dizendo as mesmas coisas de outro jeito, provocando uma situação de dizer o que pensa, manter sua opinião e sair do diálogo em estado de "graça", ou harmonia. Assim foi feito.

O que essa atividade reflete em você hoje?

Vou embora pensando no que eu gostaria de falar e não disse e refleti: por que não falar? E ao falar, falar... Desintoxicada!

Conversamos sobre falar a partir da emoção. Quando estamos na emoção não conseguimos expressar o que gostaríamos.

Despedimo-nos alegremente. Drika comenta que sai aliviada.

Uma pausa para conhecimento:

Segundo Erick Kandell, em *Ideias Fundamentais,* o processo de *coaching* se constrói usando perguntas.

Compreender isso leva a nos policiarmos com as perguntas que fazemos: elas são pronunciadas conforme a linguagem do *coachee,* o que ele(a) nos traz como modelo mental, o que faz sentido para o *coachee*? Perguntar é estar ligado no cliente, é como se os dois fossem um. Precisa haver confiança, parceria e, muitas vezes, as perguntas podem ser mais incisivas, quando é necessário "acordar" o que está em estado de inanição.

Selecionar dados do que o *coachee* nos apresenta é importante para contextualizar, validar o *coachee* na sua linguagem. Fredy Kofman diz: "Entre o estímulo e a reação, há um espaço. Nesse espaço repousa a liberdade e o poder de escolher nossa resposta".

É isso, deixar o *coachee* escolher sua resposta.

E quanto a esse caso da Drika, ela me surpreendeu no próximo encontro com decisões tomadas com consistência.

> **Sétimo encontro** – Decidi pensar em unir as duas vertentes mais importantes para a minha vida. Agenda de mãe e ser essa profissional que desejo dentro da minha casa.

Como você fará isso?

Iniciarei com meu escritório de inglês dentro da minha casa.

Qual o seu primeiro passo? Você tem um primeiro passo?

Sim, tenho uma sala separada do corpo da casa que posso transformá-la em uma linda sala. Tenho inclusive garagem para os alunos guardarem seus carros, com cobertura.

Tenho facilidade de falar em público, palestrar me dá prazer e já faço isso na comunidade budista, onde sou responsável por um grupo de pessoas. Meu inglês é fluente.

Sei que por ser em casa terei regras a passar aos meus filhos.

Lembro-me que você disse faria algo diferente, que não fosse tradicional. Você tem esse plano?

Risos. Claro, isso é o meu diferencial.

Tenho a habilidade de transformar algo difícil em fácil.

Como assim? Explique.

Faço uma entrevista com a pessoa, ela me diz suas dificuldades e juntas descobrimos um programa que seja interessante e do agrado dela.

Como aprender inglês através da música, ou visitando países pela internet, por livros de viagem e outros métodos. Vou criando metodologias que possam aproximar a pessoa da língua facilitando seu aprendizado.

Adriana, como você chegou nessa decisão?

Atendi uma jovem com dificuldade na língua. Após muita reflexão, consegui entender que deveria ajudá-la com um jeito diferente de ensinar. Ela está aprendendo aos poucos e fixando o que ensino.

Hoje, para mim, o ensino da língua é uma construção, não fico só falando e o aluno ouvindo. Deixo que ele fale à vontade e vou expressando, em inglês, pequenas frases, ajudando-o a entender o que disse na língua inglesa.

Sinto-me pertencendo a algo.

Qual o sentido de pertencimento para você?

Eu decido o que acontece aqui (sinaliza para mim cabeça e coração) e, quando decido, edifico minha natureza.

Em uma das sessões, Ana, conversamos sobre a inteligência multifocal e foi nessa conversa que tomei a decisão de usar o que sei para ajudar pessoas e cumprir uma missão.

Lembro-me dos fenômenos que edificam o pensamento como o que é real e o que é vital. Isso marcou para mim. Tornar válido um novo pensamento, o olhar da natureza humana é um fenômeno e isso tudo foi muito significativo para mim. Quebrar o muro com a marreta é pesado e difícil, mas, quando isso acontece, vejo do outro lado.

Hoje foi muito significativo para mim.

Oitava sessão – Drika trouxe seu tema. Precisar X Querer.
Preciso (satisfazer minhas necessidades).
Quero (fazer parte do contexto).

Um novo pensamento foi construído e fez emergir minha percepção e expresso que irei reverberar na vida do meu marido as minhas mudanças. Fiz muitos exercícios mentais, incluindo descer a serra, com três crianças, dirigindo e com total responsabilidade. Devo ter produzido milhões de neurônios novos (risos). Consegui estabilizar minhas emoções, pensei racionalmente, respirei e decidi enfrentar esse medo para agir em outras situações, assim, com o poder que tenho de fazer diferente.

Foi muito boa essa experiência e dela vou extrair o meu melhor para organizar minha vida profissional.

Conversei com um arquiteto. Vou fazer, no início, uma sala aconchegante e simples, porém com o conforto que uma sala de aprendizado deve ter e divulgar que faço esse trabalho através dos amigos, das pessoas conhecidas. Vou trabalhar em minha casa. Fazer das minhas habilidades meu ganha a ganha.

Dialogamos nesse dia muitas coisas, alegremente e Drika, em sua alegria, com convicção falando de seus medos, mas também de suas habilidades. Encerramos de um jeito divertido.

Nono encontro – Drika trouxe um resumo de todas as suas percepções, aprendizados, iniciativas e fiquei surpresa com o que li juntamente com ela.

Ela chamou de "caixa de pandora".

1º encontro – O melhor ainda está por vir.

2º encontro – Ainda estou tímida.

3º encontro – Compreender o medo.

4º encontro – Projeção de expectativas.

5º encontro – Conjugando o verbo fazer.

6º encontro – Não gosto, não faço, por quê?

7º encontro – O que fazer?

8º encontro – Precisar x querer.

9º encontro – O que vi até agora?

Deixamos o 10º encontro para o momento em que Drika tivesse conteúdo sobre seu negócio para conversarmos.

Passam-se dois meses, ela traz seu projeto com consistência. Um planejamento de algo inusitado e que poderá ajudar muitas pessoas que desejam ser professoras de inglês em suas próprias casas, mas isso é uma outra história. Está reformando a sala escolhida para suas aulas e pondo em prática para 2016 estar em pleno atendimento.

Falar sobre carreira é algo muito complexo. Entender o ser que te procura para um trabalho, ou melhorar sua carreira, entender situações de vida, o que trava essa pessoa, ajudá-la a potencializar o que já existe em seu ser, buscar contornos, costurar, tecer juntos, entender a cultura, os pensamentos construtivos e destrutivos, ajudar a pessoa a expor-se, formar vínculos de confiabilidade, aceitar as diferenças de conhecimento, de raciocínio, dos afetos, são premissas para um bom acompanhamento de *coaching*.

Não inferir, mas construir juntos. O desejo de muitas vezes validar o que já sabe e apropriar-se do seu ser divino enquanto ser humano, para brilhar na vida profissional com coerência, realização e dignidade.

Há na metodologia de *coaching* a premissa de 10 sessões para que um processo se faça com um bom desenvolvimento. Em minha experiência, percebo que muitas vezes podemos seguir outros caminhos para atendermos às necessidades dos *coachees*, portanto não deixo de atender a pessoa que gostaria de ter uma conversa comigo, ou, mais de 10, com intervalos bem maiores. Assim aconteceu com a Drika. Após nossos 10 primeiros encontros, ela decidiu que gostaria de passar para 15 dias e depois para 30 dias, até sentir-se tranquila e segura o suficiente para colocar seu plano em funcionamento. Porém, o melhor ainda está por vir!

O sucesso de Drika é ter compreendido que o efeito do processo de *coaching* é atemporal!

A maior cegueira que vejo nos humanos é o orgulho que impede de pedir ajuda!

2

A escolha da profissão: desafios, dilema e realização

O *coaching* de carreira tem o objetivo de auxiliar profissionais em processo de transição e jovens que não decidiram qual caminho profissional seguir. O *coach* identifica objetivos profissionais e desenvolve estratégias para conquistá-los. Um processo para quem deseja alinhar carreira e vida pessoal, redirecionando atividades para um impacto profissional, que é aconselhado para pessoas e empresas

Antonia Braz

Antonia Braz

Palestrante, educadora, *coach*, escritora e conferencista com mais de 25 anos de experiência em Educação e Treinamentos. Graduada em Pedagogia pela Universidade do Oeste Paulista (Unoeste). Especialista em Psicopedagogia e em Gestão Estratégica de Pessoas, cursa MBA em Educação Corporativa pela Universidade Veiga de Almeida e Neuropsicopedagia pela Uniasselvi. É formada em Qualidade de Educação Básica pela Organização dos Estados Americanos – OEA/Unesco (USA). Especialista em Psicopedagogia e Recursos Humanos. Coautora dos livros *Damas de ouro: a liderança feminina em ação* e *Programados para vencer com coaching*, da Editora Kelps. Atuou como coordenadora executiva do Projovem Urbano de 2008 a janeiro de 2014. Foi avaliadora do Prêmio Itaú-Unicef 2013. Coordenou o *Programa contra a violência doméstica da Organização Soroptimist – Best for Women* – Região Brasil 2012/2014. Atualmente, é diretora do Instituto AGC – Assessoria, Gestão em Cursos.

Contatos
www.antoniabraz.com.br
contato@antoniabraz.com.br
(18) 3223-9880 / 4101-1143

Ainda na infância, enquanto você brinca com suas bonecas ou anda para lá e para cá com seus carros, uma profissão, mesmo que irracionalmente, já percorre seus pensamentos. Seja empresária, estilista ou empregada doméstica. Seja motorista de ônibus, taxista ou ator de um filme de ação. Às vezes, até carreira militar. A atividade profissional nos cerca desde muito cedo, antes mesmo de entendermos o que é trabalhar. Nossos pais chegam em casa exaustos de um dia de trabalho, comentam o que aconteceu no escritório e, assim, com a convivência, vamos sendo inseridos cada vez mais nos assuntos que envolvem carreira.

É natural que nessa fase se iniciem os pensamentos sobre o que fazer no futuro. Perguntas como "o que você quer ser quando crescer?" são feitas em quase todos os encontros de família. Às vezes, a criança mal sabe o que isso quer dizer, apenas responde coisas que está acostumada a ver pela televisão, videogames e internet. Geralmente se inspira em personagens que gosta, como astronautas, super-heróis, estilistas, donos de empresas poderosas, jogadores de futebol, cantores, artistas, entre outros.

A escolha da carreira começa na infância e percorre a vida do ser humano por muitos e muitos anos. Na escola, já somos testados para escolher qual área seguir: humanas, exatas, biológicas etc. É no processo de ensino que a criança começa a entender seus dons, se prefere "fazer continhas", desenhar, escrever os ditados propostos pela professora ou entender a vida dos animais.

Nem sempre essas preferências se mantêm as mesmas. Fatores externos, como relações com outras pessoas, influência da família e até mesmo mudança de gostos podem nos fazer decidir até mesmo por áreas contrárias àquelas que tínhamos tanta admiração na infância. Porém, essa fase é muito importante para formar o pensamento sobre "o que ser quando crescer". Apesar de não perguntarem, geralmente, com seriedade, a família e adultos ao redor já plantam uma sementinha na criança. Desde então, ela começa a formar pensamentos sobre profissões, inspirar-se em pessoas e personagens que gosta e começar a traçar suas ideias sobre o que fazer no futuro – mesmo que só por brincadeira.

Na juventude, o pensamento começa a ficar ainda mais formado. É quando o ser humano já tem noção sobre a vida adulta que se aproxima. No ensino fundamental, o jovem começa a levar mais a sério os assuntos tratados na classe, pensando se é aquilo que deseja usar por "toda a vida" – essa é a imagem passada sobre a carreira profissional. Ele separa o grau de gosto pela disciplina com base na vontade que tem para fazer as tarefas propostas. Por exemplo: sente-se melhor resolvendo as equações de matemática do que escrevendo redações sobre algum fato recente. Então, mesmo que sem perceber, já vai desenvolvendo-se melhor para a área das exatas e pesquisando profissões que ele possa utilizá-las.

O processo de ensino é muito importante para a escolha da carreira, por isso é essencial que a escola e a equipe acadêmica atentem-se para levar ao jovem as informações necessárias. Isso porque, quanto mais cedo abordar o assunto, melhor o estudante irá entendê-lo e mais fácil será evitar frustrações futuras por uma escolha errada de curso.

Essa preocupação de errar a escolha de profissão começa a ficar mais intensa quando o estudante vai se aproximando do fim do ensino fundamental para ingressar no ensino médio. Muitas vezes, a escolha é até antecipada. Vários jovens passam pelo processo de estudo e execução do vestibular enquanto estão terminando o fundamental. Muitas escolas, particulares ou públicas, utilizam esse meio para ingressar o estudante em um ensino técnico. Mesmo com algumas ideias sobre o que fazer no futuro, nem sempre o jovem está 100% certo sobre aquela área e se vê no meio de uma decisão que pode decidir sua vida.

Escolher qual carreira seguir sempre foi tratado de maneira errada, não só nas escolas como, principalmente, na sociedade. Desde a vivência em casa, com a família, o jovem já é pressionado a escolher qual rumo quer dar para seu futuro. A sociedade trata a escolha do curso na faculdade como se fosse uma decisão definitiva, que não pode ser refeita e, caso isso aconteça, a pessoa é perdedora, indecisa e atrasada (porque gastou anos escolhendo uma profissão ou estudando uma área em que não irá atuar).

Todos nós crescemos com a ideia que o curso da faculdade será um divisor de águas em nossa vida. No ensino médio, logo quando o estudante começa a estudar, os próprios professores já focam as disciplinas em vestibulares. O aluno deixa de responder problemas propostos pelos educadores para resolver questões de provas para ingressar nas universidades. Ele é preparado por três anos para fazer os vestibulares e começar uma graduação.

Nesse processo e nesse momento, o estudante é pressionado a escolher "o que vai fazer pela vida inteira". Tratar a carreira profissional como algo definitivo, que será vivido todos os dias de forma maçante e monótona, pode assustar o jovem. É preciso fazê-lo entender que a vida é feita de escolhas. Ele pode ter um pensamento hoje e, amanhã, pode não o ter mais. Quantas vezes ele já mudou de estilo só na adolescência? Quantas bandas já foram suas favoritas e agora estão esquecidas? Quantos filmes ele já amou e hoje não suporta mais assistir?

O mesmo vale com a profissão. Veja só a linha cronológica de uma pessoa: ela começa querendo ser um astronauta. Passa a preferir lecionar. Então, decide que quer trabalhar como repórter. E, no fim, acaba escolhendo graduar-se em ciências contábeis. Tudo pode acontecer e o jovem precisa entender que esse processo é normal, ao invés de uma aberração como lhe é vendido.

É por conta dessa pressão que começa o problema com a escolha da carreira. No ensino médio, o jovem se vê obrigado a escolher logo o que fazer com seu futuro. Ele é pressionado por tudo e todos: desde a família até professores, amigos, mídia e redes sociais. No grupo de pessoas da mesma idade, só se fala nisso. E ele não pode nem cogitar esperar um, dois ou três anos para pensar melhor no curso que deseja fazer na faculdade. Precisa, antes dos 17 anos, saber o que irá fazer até os 60. É uma escolha muito árdua para ser tomada em uma idade onde mal conseguimos optar entre o preto e o branco.

Por pressão, muitas vezes o jovem escolhe uma carreira que não o faz feliz. Prova disso é que quase metade (48%) está em uma profissão que não gosta. Geralmente isso acontece porque opta pelo curso mais fácil, ou mais barato ou que a profissão paga mais e tem mais reconhecimento. Ele prefere até deixar o sonho de lado por isso. Escolhe ser dentista, enfermeiro, engenheiro, advogado, entre outros, para ter uma vida financeiramente melhor, mas sem qualquer satisfação profissional.

Nem sempre só a vontade de ganhar mais dinheiro leva o jovem a profissões que não o faz feliz. Boa parte dessa troca de caminho vem da própria família. A influência dos pais, por exemplo, pode ser levada muito a sério, principalmente se a família tem reconhecimento em alguma área ou, por gerações, trabalhou em uma profissão específica.

Outro fator que implica em não seguir a área sonhada é a desaprovação dos pais. Algumas pessoas de gerações anteriores consideram "sucesso" só áreas já renomadas, que geralmente são medicina, direito e pedagogia. Com o avanço da internet, muitos jovens estão optando por áreas voltadas para web, como programação de *softwares, web designer* e *social media*. Profissões que, para os pais, não são consideradas como trabalho, justamente por serem novas e ainda sem certeza sobre o futuro.

Quando os pais esperam que o filho siga na mesma área, ou para continuar o nome da família ou para gerenciar os negócios, eles esperam que o jovem tenha o mesmo sucesso e realização profissional. Muitas vezes esquecem que, na verdade, cada pessoa tem uma forma de ser feliz. Se essa escolha for autêntica por parte do estudante, tudo bem. Já se for o contrário, ele até tenta mostrar isso, mas acaba sendo vencido pela palavra "dos mais velhos" e segue em uma área que não gosta.

Já na faculdade, o estudante deixa de fazer as tarefas propostas e acaba se distanciando do objetivo da graduação. Ele desconta a frustração faltando em aulas para ficar em outro local ou, muitas vezes, entra em depressão por não ser bom naquilo que escolheu para sua vida. Até mesmo se compara com a família, que sempre obteve sucesso na área. O que deveria ser algo bom (a graduação), torna-se um pesadelo.

Hoje nós vivemos em uma sociedade onde grande parte dos profissionais vive infeliz, porque "escolher a carreira" é algo novo, que apareceu há poucos anos. A geração passada, por exemplo, não tinha essa opção. Na maioria das vezes, as pessoas entravam em cursos que os pais escolhiam. Aqueles que "dão futuro e o tornam alguém".

O cenário é outro hoje em dia, justamente porque a nova geração preza, antes de tudo, a satisfação profissional. Quantos jovens já entraram e saíram de empregos por que não se sentiram realizados? Ou até mesmo por que a empresa não condiz com seus ideais? O jovem profissional quer estar em um local que admira, fazendo o que ama e sendo feliz com sua carreira.

O *coach* de carreiras entra justamente aí. Se você não sabe que profissional é esse, o *coaching* de carreira é a área com objetivo de auxiliar pessoas no processo de mudança de profissão. Um *coach* ensina aos profissionais como eles devem identificar com clareza seus objetivos no mercado de trabalho, criando e desenvolvendo estratégias para consegui-los. Esse profissional é indicado para aqueles que desejam redirecionar suas carreiras para outras áreas, alinhando vida profissional e pessoal, equilibrando-as conforme suas prioridades. Ele pode trabalhar tanto com pessoas como, inclusive, empresas.

A ajuda do *coach* tem sido de grande importância no mercado de trabalho. Nos últimos anos, a busca por esse profissional cresceu cerca de 400%, visto que 48% dos jovens não estão contentes com sua carreira. A busca por alguém que possa ajudá-los tem sido uma forma de resolver aquilo que desde muito cedo foi vendido como algo perpétuo, sem direito de mudanças: a carreira profissional.

Mas não são só jovens que o *coach* de carreiras auxilia. Pessoas que já estão há mais tempo no mercado de trabalho também procuram esses profissionais para ajudá-las. Geralmente os *coaches* marcam encontros com o cliente, onde, por meio de conversas, procuram os problemas na vida profissional. A cada sessão, o cliente recebe um plano de metas com a proposta de cumpri-las até o próximo encontro e assim por diante. O *coach* também avalia as preferências do cliente, bem como sua vida profissional.

É comum ficarmos fantasiados com uma vida cheia de glamour e estabilidade financeira. Boa parte disso se deve à sociedade consumista que vivemos hoje em dia: queremos ter tudo ao mesmo tempo. Mal compramos um celular novo e já estamos de olho no próximo. A tecnologia corre, não deixa nenhuma pausa para nos adaptarmos. O mesmo vale para qualquer aparelho da moda: *tablets, notebooks,* televisões cada vez maiores e com qualidade perfeita, videogames, entre outros.

Essa fascinação pelo poder de compra leva, muitas vezes, o jovem a escolher uma profissão que não gosta. Ao invés pensar no seu dia a dia do futuro, ele prefere trocar o bem-estar da carreira pelo bem-estar econômico. O *coach* de carreiras pode ajudar a modificar esse pensamento e realidade. Quando você faz o que ama e faz isso bem, estabelecendo e cumprindo metas, sua carreira profissional flui de forma natural. É possível, sim, conciliar o prazer pela profissão com a estabilidade financeira.

Quando você entra em contato com um *coach* para ajudá-lo com sua carreira, ele terá em mente quais os seus objetivos e suas preferências profissionais. Dessa forma, irá trabalhar esses itens conforme as reuniões forem acontecendo.

O que também complica a escolha de uma profissão para o jovem é o quanto aquela área está forte no mercado. Ou fraca. Pessoas são cada vez mais trocadas por máquinas e, assim, as empresas fazem menos contratações.

A dica anterior vale para este cenário também: quando você faz o que gosta e faz isso bem, a sua vida profissional flui naturalmente. O *coach* de carreiras vai ajudá-lo nesse processo, traçando metas, auxiliando-o a achar o melhor caminho para fixar-se na área e, principalmente, encontrar-se na carreira que você escolheu. Com a grande competição no mercado, o *coach* tem se tornado essencial para muitos profissionais. Ele oferece um apoio fundamental, auxiliando a definir suas metas e seus objetivos profissionais para, juntos, traçarem estratégias. Como resultado delas, vem os objetivos alcançados em curto espaço de tempo.

A importância de ter um profissional ao seu lado para guiá-lo e ajudá-lo com as metas pode ser essencial desde o começo de sua inserção na área. Ele pode, inclusive, auxiliar sua escolha de curso na faculdade. Isso porque logo que você entra na universidade sua vida profissional começa a ser traçada. Ao longo dos semestres, várias oportunidades de estágios podem aparecer e o *coach* de carreira pode ajudá-lo a se destacar nesses empregos, traçando caminhos para você terminar o curso já com um emprego fixo.

Fazer uma faculdade hoje em dia está mais acessível e simples. Nossos pais, por exemplo, tiveram muito mais dificuldade em se graduar do que nós temos hoje. As universidades estão mais cheias do que antes, oferecendo mais opções de cursos e até mesmo formas de pagamento. O estudante pode, inclusive, conseguir bolsas de estudo, descontos e usar programas do governo para pagar o curso somente quando se formar.

Essa facilidade é algo novo e devemos aproveitá-la para nos especializar o máximo possível. O mercado está cada vez mais exigente, pedindo profissionais cada vez mais qualificados. O *coach* de carreiras pode estudar com você as formas mais eficientes para se adequar ao mercado de trabalho. Isso envolve preparar-se com cursos, desde os básicos (inglês, informática e outras línguas estrangeiras) até os mais específicos da sua área. O *coach* irá estudar sua carreira e quais as exigências do mercado para inseri-lo na área profissional. E o melhor: permanecer lá.

Com toda a facilidade de acesso à educação, mais e mais pessoas se formam todos os anos. Isso gera um *boom* de gente procurando seu espaço no mercado de trabalho. Cada vez se tem mais profissionais e menos vagas. Se você entende esse cenário, já está mais que na hora de mudá-lo: qualifique-se. Não sinta medo de se jogar em cursos novos, em outras oportunidades. Atualmente, saber falar inglês não é mais um diferencial. É obrigatório. Destacar-se no mercado de trabalho hoje em dia é saber fazer o que ninguém ou quase ninguém sabe. Por isso, invista em outras línguas estrangeiras, procure cursos de sua área e faça especialização. Quanto mais você souber de uma área, melhor e mais opções de empregos, empresas e cargos para você ocupar irão aparecer.

Mas aí você apresenta o seguinte cenário: me formei na faculdade, não gostei do curso e muito menos da área que escolhi. Já é tarde demais para mudar de profissão e seguirei infeliz com minha carreira para sempre.

Quem disse?

Desde muito cedo, vendem para nós o curso da faculdade como algo eterno, sem opções de ser modificado. É como se escolhêssemos qual caminho seguir e só fosse possível continuar por ele pelo resto da vida. A verdade é que qualquer caminho tem um atalho, um retorno ou algo que nos permita mudar de rota. Com a carreira é assim, também.

Antes de tudo, tire qualquer tabu que você tem em sua cabeça sobre trocar de profissão no meio do caminho. Não existe idade para começar, nem para mudar. O *coach* de carreiras também entende esse cenário. Inclusive muitos já passaram por isso – a maioria não escolheu ser *coach* lá na adolescência. Ter uma ajuda profissional nesse momento é essencial para ter sucesso na segunda (terceira, quarta, quinta... não importa) área escolhida. Principalmente por que, muitas vezes, já possuímos casa, família e bens para cuidar, certo? E o maior medo que temos é trocar de área e não conseguir estabilidade financeira para manter tudo isso.

Você e seu *coach* irão traçar um caminho para tornar mais fácil a sua chegada e estabilidade no mercado de trabalho. Ele irá estudar em qual área você se adéqua melhor, qual irá fazer-lhe feliz, ao contrário da antiga. Às vezes, o problema não é sua área mas, sim, o cargo que se encontra no momento. Por isso a ajuda do *coach* de carreiras é essencial: ele será seu guia. Até porque, no calor do momento, nós só pensamos na mudança e esquecemos de como praticá-la.

Juntos, vocês poderão trabalhar, também, seu lado psicológico, que muitas vezes fica abalado pela transição. O *coach* de carreiras irá ajudá-lo a lidar com a profissão e a vida pessoal, que acabamos esquecendo quando a carreira vai mal. Ele enxerga não só o que diz respeito à sua profissão, mas, inclusive, aquilo que está à sua volta e pode melhorar ou piorar sua produtividade.

Seja você um jovem, que está começando agora uma profissão, ou mais velho, que está trocando de carreira porque a anterior não o faz mais feliz, o foco é um só: como entrar e permanecer no mercado de trabalho. Essa é a maior dificuldade e dúvida de todo profissional, esteja ou não em uma área que o satisfaz.

Primeiro de tudo, você precisa entender o que é satisfação profissional. Nem sempre ela está atrelada ao ganho monetário, à importância da empresa ou ao reconhecimento. Um exemplo simples é Rodrigo de Oliveira Silva que se autodefine "garçom de rua". Entre carros, bicicletas e motos na rua Estados Unidos, em São Paulo, ele equilibra sobre uma bandeja garrafas de água dentro de um balde com gelo. A quem passa no local, pergunta: "água, patrão?" ou "água, meu rei?".

Rodrigo possui uma profissão que muitos assemelham à infelicidade profissional. Ele precisa acordar cedo, ficar embaixo de sol o dia todo e lidar com os mais variados tipos de pessoas. Acontece que ser realizado e ter uma carreira de sucesso não significa seguir a receita de sempre: fazer oito horas diárias de expediente, ter um salário fixo no fim do mês e passar o dia sentado em frente a um computador.

Rodrigo estava desempregado e viu nesse momento uma ideia para empreender. Quis "servir os motoristas de um jeito melhor".

Ele poderia ir para as ruas e vender água do mesmo jeito que todos fazem: de janela em janela, com um carrinho na mão e um boné na cabeça. Ao invés disso, preferiu vestir-se de garçom. Então, pegou uma bandeja e, por si só, já chamou atenção dos possíveis clientes.

O *coach* de carreiras irá ajudá-lo a se destacar em sua área, assim como Rodrigo conseguiu. Às vezes, você precisa apenas de algo simples para se diferenciar dos demais profissionais e o *coach* irá trabalhar isso. No caso de Rodrigo, foram a roupa de garçom e a bandeja que o tornaram único.

Encontrar um rumo profissional, ascender na carreira, melhorar o relacionamento interpessoal e ter habilidades para liderar grandes equipes são as necessidades mais comuns de um profissional que inicia um processo de *coaching*. Às vezes, o problema todo está no cargo em que ocupa, não na profissão em si. O *coach* de carreiras irá auxiliá-lo a chegar na posição desejada e, principalmente, a permanecer lá.

O processo é dividido em etapas. O profissional é auxiliado a desenvolver habilidades comportamentais e técnicas para atingir o resultado pretendido. O *coach* será um guia, que irá passar algumas atividades para você cumprir até a próxima sessão. Cada atividade terá foco em alguma área ou habilidade que você deseja e precisa desenvolver para alcançar o seu objetivo desejado.

Entre elas também estão seus medos. O *coach* irá ajudá-lo a lidar com eles, passando atividades que, até então, você julgava impossível. Vale ressaltar que ele se difere das técnicas usadas na psicologia, pois não lida com traumas ou problemas passados. O foco é solucionar o que não te faz feliz na carreira escolhida, utilizando aprendizados anteriores para lidar com problemas futuros.

O *coach* de carreiras poderá auxiliar, inclusive, a definir claramente suas metas desejadas. O *coachee* – como é chamada a pessoa que passa pelo processo de *coaching* – terá uma visão mais clara de quais obstáculos enfrentar, além de aprender a lidar com eles. Sua autoestima e confiança também serão fortalecidas para que ele consiga seguir em frente com suas ideias sem duvidar que serão bem-sucedidas. O profissional de *coaching* de carreiras irá auxiliar o *coachee* a adotar uma postura diferenciada profissionalmente, aprendendo a liderar equipes, habilidades para se comunicar melhor e tomar decisões importantes.

Cada vez mais, a área de *coaching* de carreira tem crescido. O *coach* está se tornando essencial para muitos profissionais e empresas, que também utilizam a ajuda para melhorar sua equipe e imagem. A ajuda que vem dos *coaches* é cada vez mais almejada por quem está traçando sua carreira e quer melhorá-la.

A visão que temos de carreira, além de ser modificada, também precisa ser entendida. Cada vez mais surgem áreas diferentes e em uma dessas nós podemos nos encontrar. Ninguém imaginava que algum dia nós iríamos trabalhar em casa, apenas usando computador e internet. Que pessoas ficariam reconhecidas por seu trabalho na *web*. Ou, até mesmo, que nós poderíamos conversar cara a cara com alguém do outro lado do mundo por meio de um *software*.

A tecnologia e a sociedade se transformam. A nova geração já percebeu isso e está mudando cada vez mais sua relação com o trabalho. Os jovens de hoje priorizam o bem-estar e a satisfação profissional antes de qualquer coisa. Eles querem liberdade para criar, conhecimento e não se importam de deixar uma empresa se julgam já terem aprendido tudo o que poderiam lá. O *coach* de carreiras é para quem deseja uma nova profissão, quem está começando e, inclusive, quem quer seguir na carreira e não sabe qual caminho tomar.

Ser feliz com sua profissão é saber que, mesmo com os problemas, no fim do dia você estará sentindo-se realizado por ter feito algo que adora. Quando você gosta do seu trabalho, suas ideias fluem naturalmente, seus projetos são realizados com mais empenho e, automaticamente, sua vida profissional (e financeira) melhora. Um *coach* de carreiras pode ajudá-lo não só a começar, mas, principalmente, a permanecer onde você deseja.

3

Quem você seria se fosse realmente feliz com seu trabalho?

Muitos acreditam que construir uma carreira alinhada ao propósito de vida está restrito a poucos sortudos, dá trabalho ou é arriscado. Nada está mais longe da verdade! A partir de exemplos concretos de gente como a gente, percorreremos os caminhos da autorrealização que nos reconectam a nossa missão e nos inserem harmoniosamente no mundo

Eduardo Estellita

Eduardo Estellita

Coach certificado pela Leading and Coaching Academy, na Bélgica, curso credenciado pela ICF (International Coaching Federation), facilitador de grupos e palestrante, tem mais de 15 anos de experiência em acompanhamento da transição. Engenheiro pela PUC-Rio, com mestrado pela École Centrale Paris, morou durante 12 anos em 5 países e liderou diversos projetos internacionais de Gestão da Mudança na L'Oréal, na AB InBev e na Nespresso. Organizador e palestrante TEDx, é sócio-fundador da genYus @work e da LeadNow! Brasil, prestando consultoria em desenvolvimento da liderança e do capital humano de organizações e ONGs. Professor convidado em diversas instituições internacionais de renome, atuou também no Ibmec e na Casa do Saber de SP. Sua prática de *coaching* tem ênfase em PNL, Análise Transacional, Comunicação Não-Violenta, Teoria U, Antroposofia, *Process Communication* e Eneagrama. Acredita que conectando pessoas aos seus próprios talentos e valorizando diferenças interpessoais é possível liberar o potencial coletivo para vencermos os desafios do século 21.

Contatos
www.genyusatwork.com
www.leadnow.net
eduardo.estellita@hotmail.com
(21) 99500-3636

Quem você seria se fosse realmente feliz com seu trabalho?

Você nasceu!

Esse simples fato foi suficiente para determinar uma série de elementos que compõem, em parte, quem você é hoje.

Você nasceu em uma década, um país, uma cidade e uma família específicos. Sua família pertence a um grupo étnico e a uma posição socioeconômica dentro da sociedade. Seus pais escolheram uma profissão, uma religião e círculos sociais que ajudaram a formar valores e visões de si, dos outros e do mundo. De muitas formas, durante sua educação, eles se esforçaram para transmiti-los a você, do mesmo jeito que os pais de seus pais fizeram com eles. Além deles, amigos, relacionamentos afetivos, colegas de trabalho e outros grupos sociais, ao longo da vida, contribuíram para formar sua visão de mundo.

Esse processo chama-se condicionamento social. É inegável o quanto o ele é crucial para a vida em sociedade e para o desenvolvimento da espécie humana. Graças a ele, somos capazes de transmitir experiências de geração em geração e acumular conhecimento que vai além da nossa existência finita.

Por outro lado, como todo processo humano, ele está sujeito a imperfeições, podendo dar origem a etnocentrismo[1], *groupthink*[2], segregação, percepção limitada da realidade e egocentrismo, em geral. Em muitas ocasiões, os mecanismos sutis do condicionamento social são os principais responsáveis pelo afastamento do indivíduo da sua real missão de vida, do seu melhor Eu.

1 Etnocentrismo: visão de mundo na qual a pessoa assume que a sua cultura é a única ou a melhor cultura existente.

2 *Groupthink*: tendência a evitar a promoção de ideias fora da zona de conforto e do consenso, dentro de um grupo de pessoas que convivem no dia a dia.

Mecânica do condicionamento social

Para melhor compreender como o condicionamento social pode levar à desconexão do propósito de vida, usaremos os exemplos de João e Fernanda.

João nasceu em uma família de artesãos de origem humilde. Seu pai era marceneiro e sua mãe costureira. Ambos abandonaram cedo a escola e aprenderam a se sustentar vendendo o produto físico de seus esforços. Acima de tudo, valorizavam a ética de trabalho e a responsabilidade por seus atos.

Os dois irmãos de João seguiram carreira similares aos pais. João, o caçula, era apaixonado por livros e seus pais não compreendiam como o filho "aéreo" poderia ter sucesso vivendo no mundo das ideias.

Fernanda era a filha única de uma família de classe média: pai engenheiro e mãe médica. Extrovertida e agitada por natureza, desde pequena parecia estar sempre correndo.

Na escola, tinha dificuldade para se concentrar nas aulas, especialmente em Matemática e Ciências. A semana de recebimento do boletim escolar era estressante, pois, com frequência, ele vinha repleto de notas baixas, exceto em Educação Física, Artes e Geografia.

Tanto João quanto Fernanda nasceram em um ambiente específico. Dentro de seus respectivos ambientes, havia comportamentos encorajados e desencorajados.

A família de João priorizava a ação e não via importância nos estudos.

A de Fernanda exercia pressão para que ela se destacasse nas ciências exatas, a fim de garantir um futuro financeiramente estável. Mesmo reconhecendo as preferências da filha, o esporte e as artes permaneciam restritos aos momentos de lazer.

À força de repetir comportamentos encorajados, João e Fernanda desenvolveram uma série de capacidades. Essas capacidades eram a representação das crenças e valores do ambiente familiar e determinavam os papéis que eles assumiriam na vida. Somados, esses papéis definiam a identidade de cada um e direcionavam os seus propósitos de vida.

Suas vidas adultas mal haviam começado e, mesmo assim, pareciam estranhamente previsíveis.

> *Após a escola técnica, João se tornou um excelente soldador. Apesar disso, seu espírito crítico e tendência a emitir opiniões geravam tensões com colegas e superiores. Durante sete anos, João mudou de empresa dezenas de vezes, alternando entre emprego e desemprego. Todos concordavam que seu trabalho era bom, mas o consideravam arrogante.*
>
> *Tinha poucos amigos e se irritava com a ignorância e superstição das pessoas que o cercavam. O rótulo de "vagabundo" e "encrenqueiro" pairava sobre ele. A família se preocupava com seu futuro.*
>
> *Fernanda seguiu os passos da mãe e tornou-se fisioterapeuta, partilhando com ela um consultório. Habituou-se com a rotina de estudos e fascinou-se pelos mistérios da anatomia, sentindo-se, por vezes, prisioneira em sua pequena sala. O dia a dia só não lhe parecia banal por causa das oportunidades de conversar com os pacientes.*
>
> *Viajava para o exterior sempre que podia, mesclando visitas culturais com passeios na natureza. Não dançava nem desenhava mais. Quando sua mãe faleceu, sentiu-se completamente perdida. Fechou o consultório e tirou um período sabático a fim de "se encontrar".*

Um momento de crise

Há momentos na vida em que somos convidados a questionar os programas mentais do nosso condicionamento social. Em outras palavras, nossas crenças, valores, papéis e/ou propósito.

Quando entramos na adolescência, ingressamos na faculdade, mudamos de cidade, casamos ou tornamo-nos pais e avós, temos a oportunidade de "fazer a faxina" e de liberar-nos de muitos entulhos mentais, emocionais e espirituais que sobrecarregam nossa existência.

Que crenças me fortalecem ou me limitam agora?
O que me serviu no passado e não tem mais tanto valor hoje?
Que novas formas de enxergar a realidade me seriam úteis daqui para frente?
Que novos papéis me permito assumir?

Se não desenvolvemos o hábito de nos liberar desse lixo, nossas vidas, aos poucos, se tornam desagradáveis, confusas e doentes. Essas são as chamadas crises latentes, tão comuns na sociedade moderna, vítima da ditadura da velocidade e da distração pela tecnologia.

A crise latente é o massacre dos dias que se substituem uns aos outros sem novidade, da erosão lenta da esperança e da energia para a mudança. É a sensação de estar girando no mesmo lugar, sem opções, combinada à intuição de que algo invisível e essencial foi perdido. No âmbito profissional, a crise latente mais comum na atualidade é "trabalhar em um emprego que você odeia, para ganhar dinheiro e comprar coisas que você não precisa para impressionar pessoas de quem você não gosta". É precisamente esse tipo de crise que acometeu João.

Há também as crises por ruptura: morte de um próximo, perda do emprego, divórcio, doença ou acidente grave. São situações que em um instante alteram a nossa percepção de mundo, valores e prioridades. Por mais dolorosos que sejam, esses momentos são um convite para abandonar a ilusão do controle e para incorporar (trazer ao corpo) uma série de emoções. Foi o que experimentou Fernanda.

Coaching de reorientação: a reconexão com a esperança

Crises latentes ou por ruptura são frequentemente o estopim de um processo de *coaching* de carreira.

Tratam-se de oportunidades para substituir partes do condicionamento (realizado de fora para dentro) por um processo de autorrealização (realizado de dentro para fora). No cerne desse movimento está a busca por respostas às duas questões existenciais contempladas desde a infância da humanidade:

Quem sou eu? (Identidade)
Qual é o meu trabalho? (Propósito)

Olhando para dentro

Robert Dilts, um dos precursores da PNL (Programação Neurolinguística), desenvolveu o Modelo dos 6 níveis lógicos, que sugere a existência de uma hierarquia na escala de processamento mental.

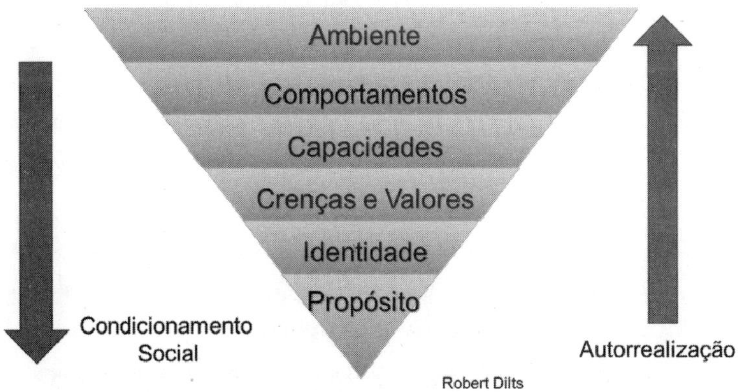

Segundo ele, cada nível da pirâmide é o resultado das influências dos níveis inferiores. Mudanças podem ocorrer em vários níveis, contudo as transformações mais profundas acontecem quando nos permitimos mergulhar até o nível do propósito.

É tentador e confortável limitar-se a uma mera mudança de ambiente durante a crise, tal qual o adolescente que foge de casa ou o executivo que, com a desculpa da urgência, procura a mesma função em outra empresa. A falácia dessa estratégia é que não conseguimos fugir de nós mesmos: nosso funcionamento em um ambiente tende a ser reproduzido em outro ambiente, com diferentes atores, caso não seja acompanhado de uma autodescoberta.

Em *coaching*, o processo de autorrealização começa com a separação entre "o que gosto de fazer" e "em que sou bom". Em consequência, ocorre por meio da busca por centros de interesse na interseção dessas duas esferas.

Como nos revelam as histórias de João e Fernanda, os ambientes nos quais circulamos encorajam certos comportamentos em detrimento de outros. Graças à repetição e à prática, podemos desenvolver capacidades em áreas que não necessariamente condizem com a nossa essência.

Por outro lado, uma palavra de desencorajamento de um pai, amigo ou professor muitas vezes impede o desenvolvimento de um talento dormente.

> *A trajetória de João mudou quando conheceu um gerente que simpatizou com seu estilo contestador e reconheceu a utilidade de sua visão sistêmica para os processos industriais.*
>
> *Em um primeiro momento, realocou-o ao posto de planificador da produção. A função possibilitou o contato com seu primeiro cargo não manual e permitiu observar a organização como um todo.*
>
> *A priori, sentia-se receoso de abdicar da posição de soldador ("Mas eu sou bom de solda!"). Gradualmente, descobriu o prazer em trabalhar com modelagem, abstração e experimentação.*
>
> *Como o cargo exigia negociação com diversos atores da empresa, seu gerente contratou um coach para acompanhá-lo no desenvolvimento de sua comunicação. O coach ajudou-o ressignificar as diversas crenças que trazia da infância, sobre o valor do trabalho intelectual, e a identificar comportamentos adequados ao novo posto.*
>
> *O embate de ideias das salas de reunião trazia brilho aos seus olhos e, pouco a pouco, tornou-se um excelente comunicador. Em alguns anos, foi promovido a supervisor da linha de produção. Atualmente é diretor de qualidade, um dos mais antigos e respeitados da casa.*

Repare que a transformação radical no percurso de João só foi possível e perene porque houve o cuidado de se trabalhar cada nível da pirâmide de Dilts. Em um primeiro momento, fez-se uma clara separação entre "o que gostava" e "em que era bom", para então explorar pontos de contato entre estas duas dimensões.

A troca inicial de papel (cargo na empresa) possibilitou a mudança nos níveis superiores da pirâmide, permitindo que ele revisasse crenças e valores, desenvolvesse novas capacidades, adotasse novos comportamentos e circulasse em outros ambientes. Simultaneamente, foi a transformação em todos esses níveis que deu a João a confiança para assumir uma nova identidade e encontrar o seu propósito.

Paixão ou centro de interesse?

Outro elemento essencial durante uma reorientação profissional é a diferenciação entre paixão e centro de interesse.

Desde o surgimento das *startups* do Vale do Silício, no final da década de 90, assistimos à eclosão de um novo paradigma profissional, representado pela frase "Encontre a sua paixão".

Apesar de bem intencionado, esse mantra que orienta toda uma geração de trabalhadores (em especial, da geração Y) tem uma série de efeitos contraproducentes ao processo de autorrealização profissional.

Antes de mais nada, o verbo "encontrar" pressupõe que, no mundo externo, exista uma carreira dos sonhos esperando para ser revelada e que, ao descobri-la, nosso propósito estará realizado. Em segundo lugar, a palavra "paixão" gera expectativas irrealistas em relação à estrutura e aos sentimentos que o trabalho diário provoca. Por fim, a tarefa de encontrar o emprego específico, dentre todos os conhecidos e tantos outros desconhecidos, que corresponda aos nossos desejos e necessidades, parece tão hercúlea que muitos desistem antes mesmo de iniciar a procura.

Mais realista e factível que partir em busca do Santo Graal profissional é explorar centros de interesses. Eles podem ser definidos como qualquer atividade formal ou extraprofissional que proporcione emoções agradáveis e aumente o senso de agência pessoal.

Centros de interesse convidam à introspecção e à ação. Eles elevam a autoestima, pois são calcados em experiências palpáveis. Focalizam no caminho (ao contrário da paixão, que é focada no destino) e, por isso, inserem o indivíduo em um processo de melhoria contínua. Não exigem engajamento definitivo, não procuram resposta final às necessidades e aos desejos, liberando a pessoa para segui-los por quanto tempo for conveniente.

Além disso, centros de interesse não pressupõem que a atividade seja exclusivamente prazerosa. Há consciência de que existirão momentos de tédio, medo ou frustração. Ao mesmo tempo, instaura-se um *feedback* de ação e introspecção para avaliar se a atividade permanece enriquecedora, em sua globalidade.

Estabelecendo um paralelo com o mundo afetivo, a procura da paixão profissional corresponde à crença no príncipe encantado, enquanto centros de interesse são como flertes. Em um primeiro encontro, não nos perguntamos se o outro é a pessoa da nossa vida, mas simplesmente se gostaríamos de seguir em frente. Em caso afirmativo, podemos debruçar-nos sobre os detalhes: o que apreciamos na relação e o que estamos dispostos a investir.

Centros de interesse funcionam, portanto, como um jogo de "quente ou frio", durante o qual decidimos a cada instante o quanto investir de nossos tempo e energia. Tanto mais investimos em algo que nos proporciona prazer, confiança e senso de realização, mais nos descobrimos apaixonados pela atividade.

A paixão, portanto, não precede a experiência. Ela é sua consequência!

Não há trabalho ideal, lá fora, esperando para ser encontrado. Há apenas trabalhos que se revelam aos poucos, fazendo com que nos sintamos mais vivos quando criamos as condições dentro de nós.

Olhando para fora

Por mais que a transformação pessoal seja fruto de um processo de introspecção, ela não é possível sem a influência do mundo externo.

Um erro comum praticado por *coaches* de carreira inexperientes é achar que o trabalho termina quando são desenvolvidos novos comportamentos, capacidades e crenças. Por mais que a instrumentalização do cliente ajude a impulsionar seu projeto profissional, ele não existe no vácuo. Por definição, um projeto profissional sana necessidades de outra pessoa (ou grupo) e é remunerado de alguma forma.

Olhar para fora significa, portanto, explorar o ponto de interseção entre outras duas esferas: "o que o mundo precisa" e "pelo que está disposto a pagar".

A primeira posiciona a missão revelada pela experimentação com os centros de interesse, no âmbito do impacto social. Enquanto no modelo da Pirâmide de Dilts, o ambiente representa o mundo físico (externo) e as camadas intermediárias, o mundo psicológico-emocional (internos ao indivíduo), o último nível, do propósito, engloba a dimensão espiritual do ser, fomentando reflexões como "Para quem eu realizo este trabalho?" e "Qual é a minha contribuição?".

A segunda esfera permite identificar o grau de preparação do ambiente para acolher nosso propósito. Afinal, pessoas investem seu dinheiro apenas em produtos e serviços que compreendem, consideram importantes e refletem seus valores e identidade.

Da mesma forma que devemos estar atentos à diferença entre "gostar" e "ter talento", com frequência partimos do pressuposto que o ambiente no qual evoluímos é consciente do que precisa e valoriza nossa contribuição da mesma forma que nós. Muitas vezes, esse não é o caso, especialmente quando nossa missão de vida está conectada a uma posição que ameace o *status quo*.

Sob tais condições, a transição de carreira exige uma pesquisa individual de identificação das necessidades do ambiente, da consciência dessas necessidades na comunidade, além de seu senso de urgência para saná-las. A adequação do ambiente à nova carreira demandará o convencimento do nicho em que atuamos, da importância do trabalho a ser realizado e de nossa competência para realizá-lo.

Caso as circunstâncias não permitam, é necessário mudar de ambiente de atuação. Ao cabo do processo de transição, não é raro que clientes de *coaching* se descubram atuando em círculos de influência completamente diferentes daqueles onde começaram, estabelecendo novas parcerias, novas amizades e, até mesmo, novos relacionamentos afetivos.

> *Dos três meses planejados inicialmente, o período sabático de Fernanda "durou a vida inteira", segundo ela.*
>
> *Para esquecer a dor da perda de sua mãe, em Buenos Aires se inscreveu em um curso de tango. Evoluiu rapidamente, fez novos amigos e começou a assistir a apresentações por todo o país. Não conseguia explicar o porquê do interesse repentino, somente que se sentia livre dançando. Pesquisou as origens da dança, seus símbolos e representações, seus marcos históricos, transformações e subdivisões ideológicas. Compreendeu o quanto ela espelhava a visão de mundo dos argentinos. Carregava sempre consigo um caderno, esboçando o movimento de pessoas em eventos corriqueiros. Sentia-se pertencente àquele mundo.*
>
> *Após alguns meses, mudou-se para Sevilha e inscreveu-se em um curso de flamenco. Repetiu o processo, estabelecendo paralelos entre as duas danças e entre as culturas irmãs. Em seguida, viajou para Bali. Depois para o Japão, Índia e Senegal.*
>
> *Em cada local, entrava em contato com a essência do ser humano e, simultaneamente, com a expressividade cultural de cada percurso individual. Por dois anos não soube ao certo o que fazer com seus novos interesses, até que um dia, aos 41 anos, conheceu uma produtora que lhe estimulou a criar seu próprio espetáculo de dança.*
>
> *Formou uma companhia de dança multicultural, reunindo amigos dos quatro cantos do planeta, e pôs-se a trabalhar. Sua missão era traduzir em movimento e resumir ao essencial toda a riqueza das experiências culturais humanas. Seu caderno de desenhos lhe foi bastante útil nesta etapa.*
>
> *Ela se via como uma construtora de pontes entre pessoas de mundos aparentemente diferentes. Buscou patrocinadores e elegeu Paris, uma cidade cosmopolita, para estrear seu espetáculo. A reação da crítica foi estrondosa. Depois, apresentou-se em Londres, Sid-*

ney, São Paulo, Cidade do México, Hong Kong e todas as cidades que a acolhessem. Durante o seu primeiro tour, conheceu seu futuro marido e em menos de dois anos já era mãe.

A carreira dos seus sonhos havia finalmente se revelado para Fernanda!

Ponto de convergência

Como podemos constatar nas histórias de João e Fernanda, o processo de reorientação profissional passa pela exploração estruturada dos níveis lógicos de Dilts, a fim de atualizar os programas mentais e criar espaço para acolher o novo e o surpreendente.

Por causa de nossa cegueira face ao condicionamento social, precisamos de mentores e *coaches* que reflitam nossas incoerências e limitações de volta para nós, ao mesmo tempo em que abram janelas para outras maneiras de existir. Essas outras maneiras se tornam mais evidentes quando ousamos incursar em novos círculos e encontramos nossa tribo: pessoas que vivam nossos centros de interesse com a mesma intensidade que nós.

O papel primordial do *coach*, no processo de descoberta do propósito, é de nos ajudar a mobilizar nossas energias para a travessia até o ponto de convergência das quatro esferas, ensinando-nos a acolher, com coração aberto, todo sentimento que possa surgir no caminho.

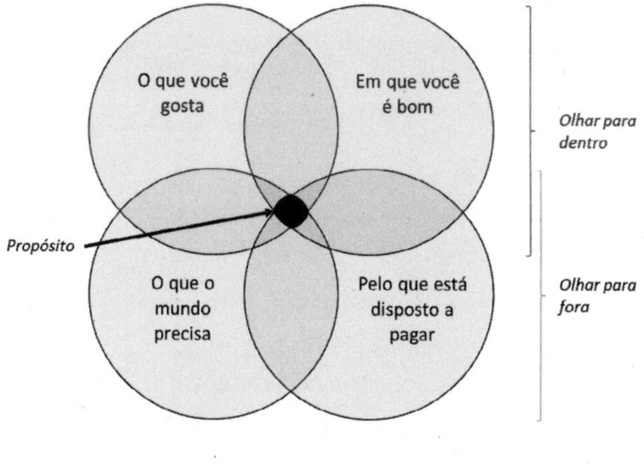

Combinando energias masculina e feminina

Ao embarcar na jornada de descobrimento de nossa missão de vida, estabelecemos um contrato com nós mesmos de compreender e respeitar a natureza cíclica do mundo.

Trata-se de um contrato em prol do equilíbrio entre nossas energias masculina (*yang*) e feminina (*yin*), considerando-se que, durante o processo de autorrealização, aprendemos a manejá-las com maestria.

Há tempo para o fechar de portas que não nos levam ao encontro de nós mesmos (*yang*) e para o abrir de janelas para novas formas de ver e ser no mundo (*yin*).

Há tempo para o silêncio, a espera, a intuição e a ponderação em torno de opções (*yin*) e para o planejamento, o raciocínio lúcido e a ação precisa (*yang*). Há tempo para a vulnerabilidade e a incerteza (*yin*) e também para a motivação e a convicção (*yang*).

O maior benefício do processo de autorrealização é o próprio processo de autorrealização, ou seja, a busca permanente pela integridade do Ser, inserido harmoniosamente no mundo ao seu redor e impactando-o de forma positiva.

4

É possível ter a carreira que se sonha

Fazer o que se gosta e cumprir objetivos são os segredos para conquistar a sua carreira de sucesso

Lorraine Dias

Lorraine Dias

Gestora de Recursos Humanos, *Coach* formada pela Sociedade Brasileira de Coaching, *Practitioner* em Programação Neurolinguística pelo Instituto Nacional de Excelência Humana. Com mais de dez anos de experiência na área de recursos humanos. É sócia-diretora da Diferente Recursos Humanos, empresa especializada desde 2013.

Contatos
www.diferenterh.com.br
lorraine@diferenterh.com.br
facebook.com/lorrainecdias
(11) 3042-4148

Quando fui convidada a compor o grupo de autores deste livro, fiquei pensando o que deveria dizer e como poderia, de alguma forma, inspirá-lo e motivá-lo a transformar sonhos em objetivos e, assim, realizá-los, por isso carreira de sucesso. Acredito que da mesma forma que eu e tantas outras pessoas conseguiram trabalhar com algo que goste e que lhes dê o "pão de cada dia", todos conseguem.

Espero que as páginas a seguir sejam úteis para você a achar o caminho para a conquista de seu sucesso.

Carreira, onde isso começa?

O assunto "carreira" está na moda. Ao entrarmos em qualquer livraria, encontramos centenas de livros que tentam nos dar a receita para alcançar o sucesso profissional. Mas, antes de mais nada, o que é carreira? O que é carreira profissional? O que é carreira de sucesso?

Segundo o dicionário da língua portuguesa, carreira significa "corrida veloz, caminho, trilha, trajetória, profissão: escolheu tal carreira, esfera de atividade".

Não existe o conceito "carreira profissional" nos dicionários, mas consegui identificar para vários autores o seguinte significado: "conhecimento específico da área escolhida, rotinas de trabalho, atividades extracurriculares, ou seja, toda experiência praticada ao longo da vida profissional".

Sucesso segundo o dicionário significa "aquilo que sucede, fato, qualquer resultado de um negócio, bom resultado, triunfo, pessoa ou coisa vitoriosa".

Mas, afinal, o que é carreira de sucesso?

Segundo os conceitos anteriores, podemos concluir: "Uma trajetória profissional vitoriosa". Para mim isso não esclareceu muita coisa, e para você? Por isso, fiz uma rápida pesquisa e recebi algumas respostas interessantes:

> *"Ter um objetivo, focar nele e conquistar aquilo que almeja. Estar em uma empresa que te dê oportunidades de crescer dentro dela, passando por vários cargos até atingir o seu nível desejado".* (Bancário)

> *"Algo prazeroso que proporcione seu sustento de maneira geral e que seja encarado por você como missão".* (Professor)

> *"Fazer o que gosta (no trabalho) e ganhar o suficiente para fazer o que gosta (na vida)".* (Relações públicas)

> *"Uma carreira de sucesso é poder ter encontrado, em primeiro lugar, o que de fato gosta de fazer".* (Educador financeiro)

Como podemos notar, não existe uma resposta certa e conclusiva, esse conceito é seu e somente seu, só você vai saber quando chegar ao seu sucesso. Porém, foram evidenciados alguns temas preponderantes, como "objetivo" e "fazer o que gosta", e esses são os pontos que merecem a nossa atenção.

Saiba o seu objetivo de vida

Saber o que você deseja e a sua missão de vida, acredito ser o pontapé para construir uma carreira de sucesso, mas como saber isso? Normalmente sabemos o que não queremos. É a mesma coisa? Não! Mas existem muitas ferramentas que nos ajudam a descobrir, vou listar algumas delas para você.

Objetivo é aquilo que se pretende alcançar. Pense no que você quer, onde deseja chegar?

Formulação de objetivos

Uma boa formulação de objetivos precisa:

- **Ser positiva:** não pode ser "eu não quero tal coisa", o que você não quer é fácil definir, mas aqui você deve saber exatamente o que quer.

- **Ação individual:** se você depender de outras pessoas, pode ser bem mais difícil conquistá-los.

- **Seja específico: por exemplo,** eu quero ter dinheiro. Ok, você não tem dinheiro nenhum? Provavelmente tenha, mas não o suficiente, então deixe bem claro o que deseja.

- **Evidencie:** você precisa saber quando alcançou o seu objetivo. É necessário ter em mente algo palpável. Ex: quando meu saldo bancário for de x reais.

- **Equilíbrio:** divida o tempo entre família, trabalho, lazer etc. Considere isso ao definir o seu objetivo.

- **Recursos:** com certeza você vai precisar de alguma coisa para atingir o que deseja, então pense em tudo antes de sair fazendo alguma coisa.

- **Tamanho:** seu objetivo precisa ser viável e exequível. Às vezes, é melhor ir formulando objetivos menores até conquistar o maior, para não se sentir frustrado pela demora ao realizá-lo. Ex.: meu intuito é conhecer todos os países do mundo. Pode ser que isso seja difícil para conquistar no próximo ano, mas se colocar que no próximo ano conhecerá todos os países da América Latina, talvez fique mais fácil. Quando o atingir, vai estimular que continue e alcance o seu grande objetivo.

Para facilitar a definição e os passos que deve seguir para alcançar o objetivo, seguem dez perguntas para você responder. Escreva as respostas em algum lugar de fácil acesso e não vá à próxima pergunta sem responder a anterior.

1. O que especificamente você deseja?
2. Qual a evidência de que você conseguiu?
3. O que você ganha se atingir o seu objetivo?
4. O que você perde ao atingir o seu objetivo?
5. Por que conquistar esse objetivo é importante para você?
6. O que você precisa para atingir o seu objetivo?
7. Como você vai conseguir atingir o seu objetivo?
8. Quais as ações necessárias?
9. Qual será o seu primeiro passo?
10. Quanto você está comprometido para conquistar o seu objetivo?

Você pode estar pensando, nossa, são só dez perguntas que tenho que responder? Sim, só, mas sem a sua ação e sua determinação você não vai conseguir.

Uma dica: escolha alguém que vai ouvi-lo e cobrar que cumpra o que escreveu, pode ser um *coach*, um professor, um amigo ou seu pai, ter alguém apoiando será mais um item de motivação.

Alcançando o seu objetivo

Talvez quando você definiu o seu objetivo, tenha listado mais de um e isso é ótimo, mas, agora priorize. Liste o que vai realizar a curto, médio e longo prazos e defina por onde começará. Com base na sua escolha, defina o seu plano de ação e comece.

O mais importante neste momento é monitorar os resultados, lembre que uma das perguntas que respondeu era como saberia que alcançou o seu objetivo, então fique atento aos resultados obtidos, se eram os previstos e que está indo pelo caminho certo.

Você pode perceber que seu plano tinha uma falha e não está acontecendo o que desejava, então pare e repense o seu plano. Isso não é ruim e nem motivo para o desânimo, seu plano de ação não pode ser uma camisa de força, ele tem que sofrer mudanças quando necessário.

Ou você vai perceber que está indo melhor do que esperava e que conquistou seus resultados antes do esperado, refaça o seu plano e continue seguindo em frente. O ato de observar atentamente os seus resultados será o estímulo para renovar a sua motivação.

Se você percebeu que precisa mudar alguma coisa no seu plano de ação, mude. Para ajudá-lo, apresento mais uma ferramenta: o *Road Map*.

Road Map

O uso de mais de um sentindo ajuda a treinar o cérebro, por isso eu trouxe essa ferramenta a você, nela é possível visualizar o caminho que deverá percorrer para alcançar o seu objetivo.

Essa ferramenta ajuda você monitorar a sua linha do tempo, onde estarão graficamente os passos que serão necessários, porém, diferente do que estamos acostumados, vamos iniciar pelo final.

Você deve perguntar o porquê do início ser pelo final, é para provocar a não pensar no automático, afinal até agora você pensou do jeito tradicional, além disso, é para você se acostumar em se ver com o objetivo cumprido. Então vamos lá:

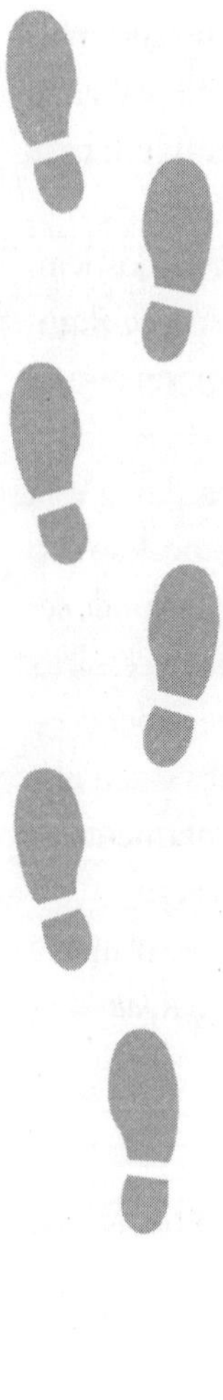

Desenhe a linha do tempo no chão, arrume um lugar espaçoso e se divirta.

Vá para o final da linha, visualize como estará quando conquistar o seu objetivo. Imagine como estará vestido, o ambiente e pessoas a sua volta, etc..

Agora pense qual o foi a última etapa do seu plano para ter alcançado o seu objetivo. Vou dar um exemplo para facilitar, se o seu objetivo foi se tornar CEO, qual foi a última etapa que você percorreu? Talvez tenha sido a sua promoção.

Agora, continue dando mais uma passo para traz, qual foi a etapa anterior? E continue fazendo isso até chegar nos dias hoje. Não tenha pressa, vá para frente e para traz quantas vezes forem necessárias, porque cada etapa dessa você tem que sentir que está completa.

Agora que você está nos dias de hoje, ande para frente e se certifique que cada etapa que você montou está coerente e acredita que estão corretas para chegar ao seu objetivo. Se sim, escreva em algum lugar esse seu plano de ação.

Agora que você reformulou o seu plano de ação, continue a sua empreitada. Comemore cada conquista, cada etapa realizada. Continue observando os seus resultados e as mudanças em sua vida e que o seu objetivo está cada vez mais próximo.

Curta quando alcançar este objetivo. Comemore com sua família, amigos e também sozinho, você agora é uma pessoa de resultados.

Conclusão

Agora você já sabe onde quer chegar, como chegar e que é completamente possível conquistar seus objetivos. Podem ser grandes, pequenos, pessoas podem falar que você sonha demais, mas agora você sabe que é possível e que também será uma pessoa de sucesso.

Você aprendeu como criar o seu plano de ação, como identificar os fatores que o motivam e desmotivam a andar para a frente.

Todos podem alcançar o sucesso, basta acreditar, planejar e agir.

Siga seu caminho, conquiste seus sonhos e objetivos.

"Realize um sonho por vez e seja feliz".
Neil Hamilton Negrelli Jr.

5

Os quatro pilares do desenvolvimento e a assertividade

Uma visão prática e coerente de como estruturar as bases de sua carreira com os quatro pilares e a relação com a assertividade. Entenda qual é o perfil do profissional que o mercado em transformação deseja. Em seguida, um esquema fácil e didático para planejar seus objetivos de carreira de maneira objetiva com o máximo de geração de conhecimento

Paula Martucci

Paula Martucci

Musicoterapeuta de formação especialista em Musicoterapia para Tratamento e Prevenção de Estresse Corporativo. Pós-graduada em Gerenciamento Estratégico de Recursos Humanos. *Coach* especialista em Carreira e desenvolvimento de habilidades comportamentais e *Leader Coach*. Instrutora de programas de treinamento e desenvolvimento. Professora do Programa Especial de Desenvolvimento de Líderes, Oficina de Carreira, Fórum de Carreira Integrada, Liderança e Comunicação Assertiva e *Feedback*. Atua na estruturação organizacional, com foco em desenvolvimento estratégico de pessoas, processos e implantação de indicadores de desempenho. Experiência em áreas funcionais de RH e capacitação de pessoas. Colaboradora em projetos de Economia Social atuando como mentora na área de gestão de pessoas para jovens empreendedores.
Realiza estudos nas áreas de Psicoacústica, Biologia do Conhecimento, Neurociência do Comportamento, Neuroliderança e Psicologia Cognitiva da Música.

Contatos
paula@persolutio.com.br
facebook.com/persolutio
(16) 98129.9954 | 3235.5031

Introdução
Colaborativismo propositu al

Aqui o foco não é a crise!

Outro dia participei de um encontro que discutia sobre comunidades colaborativas. Mesmo sem saber muito do que se tratava achei o tema extraordinariamente interessante. Duas palavras que ainda em nossa cultura necessitam de atenção: comunidade e colaborativa.

Enquanto o evento transcorria, percebi quanto brilho havia naquelas pessoas. E este brilho era porque eram empreendedoras, porque eram defensoras ambientais, porque eram educadoras, porque faziam trabalhos comunitários, porque colaboravam socialmente na área de educação ou porque desenvolviam tecnologias de apoio a vida, acessíveis e de baixo custo. Outras delas, porque faziam disso tudo que acabei de escrever, o seu próprio trabalho.

Em sua maioria, jovens até 30 anos no máximo. Que sorte a minha ter conhecido pessoas engajadas com sustentabilidade ambiental, educacional e social. Naquelas duas horas não se falou em crise, em escândalos políticos ou em catástrofes da moral e da ética. O assunto era como tornar melhor o trabalho, como engajar mais pessoas, como criar produtos e serviços agregadores, como apoiar causas importantes para o futuro da cidade, do país e das pessoas.

Aquelas pessoas não tinham títulos acadêmicos grandiosos ou contas bancárias vazando dinheiro. Ou até cultura muito diferenciada da maioria ou inteligência acima da média. O que importa é que aquelas pessoas, incluindo eu – feliz em dizer isso – tínhamos algo em comum.

Tínhamos um propósito bem definido e legitimado. Genuíno e puro.

Propósito de trabalho e de vida. Cada um com o seu e um em comum: o de compartilhar ideias, planejar, agir e empreender projetos comunitários e claro, colaborativos. Quanto prazer eu senti de estar com aquelas pessoas. As trocas de experiências e boas energias foram expressivas.

Pois bem, o que esse encontro tem a ver com carreira?

A essência é a resposta. Havia um propósito em comum entre tantos outros individuais. Sim! O propósito é essencial para começar a falar de carreira.

Então aí vai a primeira e mais essencial de todas as fases do *coaching*: se ainda não conhece verdadeiramente seus propósitos e missão, comece por aí, se conectando com a razão e o porquê de se dedicar a qualquer projeto, pessoal, profissional ou social.

Muito trabalho temos, então, sabendo que ainda há uma grande parcela dos jovens e indecisos profissionais que ainda não se conectaram com sua verdadeira essência. A maioria não sabe exatamente com clareza seus propósitos. As respostas começam a se esfacelar, quando questionados, a partir do segundo "porque".

Apresentarei, no segundo capítulo, uma das ferramentas que utilizo para *coaching* de carreira.

Então, mãos à obra!

O profissional do próximo mundo e a tomada de decisão

Antes da receita, uma reflexão sobre os ingredientes.

Desenvolvimento de competências, reforço positivo, análises de perdas e ganhos, reflexões para processos de tomada de decisões, manutenção de resultados operacionais e financeiros, rompimento de crenças negativas limitadoras. É, são muitas coisas que o profissional que busca elevar e ter sucesso em sua carreira precisa pensar.

Gastemos um tempo para falar de tomada de decisão e seu papel nesse tema. Se o que decidimos no passado reflete no cenário de hoje, e assim será por diante, então, tomada de decisão é um dos fatores centrais para sermos e formarmos os próximos profissionais do futuro. É preciso limpar a lente que está a nossa frente para enxergar claramente o que tem dentro de nós. Apenas tendo consciência e coragem e sendo imparciais com os próprios pensamentos, poderemos entender com clareza nossas escolhas e,assim, poderemos assumir com responsabilidade nossas decisões.

Essa ampliação de consciência e a utilização da razão para equilibrar as emoções traz a sensação de estar no comando da vida. Traz a possibilidade de lidar com situações conflitantes de forma equilibrada, traz coragem para agir sobre as emoções negativas e, assim, as escolhas podem ser mais conscientes e sensatas.

Então, ter um emocional inteligente e equilibrado favorece a tomada de decisão? Sim! Isso significa que para tomarmos melhores decisões temos que investir tempo e energia no autoconhecimento e na conexão com nossa missão e propósito.

Agora, definindo o que estou chamando de próximo mundo. Estamos vivendo pós era da informação. As gerações estão cada vez mais curtas cronologicamente, e em contrapartida, hoje é necessário cada vez menos tempo para acumular a mesma quantidade de informação e conhecimento do que há 20 anos. Tenho percebido e vivenciado movimentos para que cada vez mais projetos pessoais ou profissionais sejam voltados para o colaborativismo e cooperativismo. E aumentando! Mas ainda há muita gente, muitos profissionais que precisam estar verdadeiramente engajados. Ainda há um grande caminho a ser perseguido, quando analisamos quantos profissionais ainda não se dedicam em praticar ações de cooperação e colaboração em seus ambientes profissionais.

Sem a menor pretensão de classificar uma nova era, mas apenas com a intenção de discorrer didaticamente, chamarei de próximo mundo aquele que virá a partir de hoje até as próximas gerações, cujo ponto de partida é somente hoje! Quase tudo, ou tudo, sempre mudou, para melhor ou pior, ou se atualizou. A comunicação, as formas de relacionamento, os valores, a política, a economia, as manifestações da natureza, culturais e as sociais, a forma de educar nas escolas, as descobertas da medicina, a nanotecnologia, a neurociência e enfim. O que não mudou e está estagnado, o que não se atualizou tem grandes chances de estar ultrapassado, perecerá.

Assim é com o perfil do profissional, assim como os outros fatores que citei, também sofreu e ainda sofre transformações.

O profissional que se engajar em ações integradas com o desenvolvimento social, econômico e ambiental, ligando assim com seus objetivos de careira, estará indo em direção ao perfil do profissional do próximo mundo. Não estou falando de trabalho voluntário! Este pode ser incluído no contexto, claro, mas estou falando de ter negócios ou carreiras extremamente produtivas financeiramente, e que possam também fazer a diferença para si e para outras pessoas.

Quando se aposentar, que benefícios quer ter deixado? Quer ter contribuído com o faturamento de sua companhia? Quer ser lembrado pelos clientes? Quer ter sido o líder de um time de alta performance? Claro, isso é sinal que se preocupa em fazer um bom trabalho. E o que mais? O que mais fará sua vida e carreira ter feito sentido? Quantas vidas quer ter transformado? Quantas pessoas quer ter influenciado a terem sido melhores pessoas? Quanto terá verdadeiramente contribuído com o próximo, com a economia sustentável, com a manutenção de recursos naturais e com a educação e a formação de pessoas?

Essas e outras inquietações são provocativas e devem despertar ações tanto quanto as mais variadas de ordem prática e singular, ligadas aos seus objetivos de carreira.

O sentido disso é que o que vamos colher no futuro, está dependendo do que estamos plantando hoje. Então, mãos à obra!

Em todo processo de crescimento e desenvolvimento há perdas e ganhos. Você precisa estar preparado para fazer o que tem que ser feito. Assumir compromissos, se responsabilizar pelo que deu certo e pelo que não deu. Todos querem ser altamente empregáveis em qualquer tempo, mas nem todos estão dispostos a fazer o que precisa ser feito, e é aí que você se diferencia.

Crescer dá trabalho, mas se acomodar é deixar perecer o cérebro e a carne. O próximo mundo é daqui a pouco, é amanhã.

Os quatro pilares do desenvolvimento de carreira

Análise e crítica, interação, contribuição e transformação. O perfil gerador de boas influências, construtor de relações saudáveis e desejado pelo mercado.

Pois bem! Meu trabalho como *coach* de carreira visa potencializar as habilidades necessárias para este tipo de profissional que o próximo mundo vai requerer. Lembrando que aqui neste capítulo, onde se lê próximo mundo, entende-se como o momento subsequente do agora, o amanhã de manhã.

Os pilares são: capacidade de análise e crítica, capacidade de interação com pessoas, processos e informação, capacidade de contribuição e troca, oferecer para o outro e para o meio o que tem de bom, de produtivo, de genuíno, e por último, capacidade de transformação, de si mesmo e suas habilidades, suas percepções, sua cultura, dos processos que manipula e do meio em que vive.

Veja um pouco do que penso sobre cada um, como estão relacionados ao desenvolvimento do indivíduo e sua carreira, e como podem estar relacionados com os quadros do esquema que apresentarei no próximo capítulo.

Análise e crítica

A reflexão vai sempre te levar ao fortalecimento do seu ponto de vista, que segundo Leonardo Boff (1997, p. 9) "é sempre a vista de um ponto". Quando reflete sob o ponto de vista do outro, entendendo suas razões e desafiando suas próprias crenças, consegue reconhecer que existem outros pontos de vista.

"A contradição é uma característica fundamental da realidade, que é plural, multifacetada e exige um esforço de abrangência para seu conhecimento. Para isso, devemos assumir uma atitude crítica" (Ética e competência, p. 86).

Entendemos aqui a crítica como forma de ampliação do conhecimento, e não o "falar mal" ou "crítica é sempre negativa, não existe crítica positiva". Foquemos crítica como ação para iluminar e melhorar o que se há.

Analisar e criticar – lê-se criticar como avaliação imparcial e não partidária, propensa para melhoria contínua – implica em ter humildade e coragem. Humildade para reconhecer limites, reconhecer o que não sabe e ir em busca da ampliação do saber. Coragem para enfrentar perigos, ameaças e defesas de quem entende a crítica como gesto provocativo. Analisar e criticar é um caminho que busca mudanças, e exige trabalho com qualidade e competência.

Vera Martins em seu livro *Seja assertivo* diz: "O confronto de pensamentos, sentimentos e desejos é inevitável para usufruir o gosto do encontro".

Vamos mais longe, a dialética Marxista, também discutida em vários aspectos por Engels e Hegel, coloca a síntese como o resultado da reflexão e crítica entre uma tese e uma antítese. Penso então que não há acordo, nem síntese e nem encontro, se não houver desacordo, contradições entre tese e antítese ou desencontros.

O desconforto é o que vai te impulsionar a buscar o conforto. Refletindo sobre desenvolvimento profissional, o desconforto é o cenário atual, e o conforto é o cenário que quer alcançar em sua carreira.

Quanto mais experiência e conhecimento, quanto mais se vive uma determinada situação, mais se cria repertório para elaborar análises de qualidade.

Palavras-chave ligadas ao pilar análise e crítica: vivência (adquirir experiência, repertório), concentração, coragem, humildade, assertividade, cultura, ambiente, visão micro e macro, visão de processos.

Interação

Em um curso sobre *Biologia do Conhecimento* o professor perguntou: quando nos tornamos humanos? Pergunta inquietante e provocativa. A resposta correta veio depois de muitas outras absurdas e engraçadas. Tornamos-nos humanos quando interagimos com os outros, quando nos relacionamos, quando vivemos as relações. Sob a ótica da Biologia do Conhecimento, só conhecemos o que vivemos e experimentamos.

As interações com pessoas e o que podemos aprender com elas e ensinar para elas, é o que há de mais rico no "existir humano". A qualidade da interação com as pessoas vai ampliar o modo como vamos interagir com as informações e processos.

As interações humanas são vividas no conversar, no entrelaçamento da linguagem, e no sentir das emoções. Vivemos em redes de conversações formando culturas, ideias, conceitos e inovações. Geramos receita, construímos máquinas e tecnologias. Interagimos com o mundo, com as informações e com os processos por meio da interação com as pessoas.

Uma forte aliada ao desenvolvimento das relações humanas tem sido a Neurociência e os estudos do comportamento. Fomos programados para nos conectar. O próprio *design* do cérebro o torna sociável. "Essa ponte neural nos deixa afetar o cérebro – e, portanto, o corpo – de todas as pessoas com as quais interagimos, exatamente como elas fazem conosco." (Inteligência Social, p. 5)

Palavras-chave ligadas ao pilar interação: ambiente, cultura, flexibilidade, adaptabilidade, resiliência, empatia, assertividade, interação social e envolvimento.

Contribuição

Quando foi a última contribuição que fez em favor do seu conhecimento? Quando foi a última vez que contribuiu com o aprender de outra pessoa no trabalho? O quanto tem contribuído com um processo de melhoria na sua função? Quando foi a última vez que contribuiu para realização de seus próprios sonhos profissionais? Quando foi a última vez que contribuiu para gestão de recursos naturais e redução de custos em sua empresa sugerindo novas ações? O quanto tem contribuído com influências e exemplos positivos em seu ambiente de trabalho?

Estou falando de contribuições efetivas, pensadas e compartilhadas. Quantas novas contribuições tem feito? Este movimento deve ser contínuo, ativo e recursivo.

Também podemos compartilhar sentimentos, compartilhar nossa alegria e compartilhar da alegria do outro; compartilhar nossa frustração e tristeza e compartilhar da frustração e tristeza do outro.

Quero dizer que também aprendemos e contribuímos por meio do compartilhamento de emoções.

A empatia é um ótimo exemplo. Sentir o que o outro está sentindo, se colocar no lugar do outro em sentimento e verdade, ver e avaliar a situação utilizando os recursos de valor do outro. Compartilhamos nosso estado interior com o outro, e ele conosco.

Goleman, em Inteligência Social, confirma que "(...) essa dança biológica ocorre sempre que qualquer pessoa sente empatia por outra – a pessoa que sente tal empatia compartilha sutilmente do estado psicológico da pessoa com a qual entrou em sintonia" (Inteligência social. p. 29).

Esta sintonia com outra pessoa proporciona um cenário fértil para relações maduras e assertivas. Dessa abertura nasce a confiança no outro, e a certeza de que mesmo no confronto de ideias, a busca de ambos será pela síntese, pelo encontro, pelo conforto e pela conexão.

Para Goleman, não basta sentir como os outros se sentem, ou saber o que pensam ou pretendem, para garantir interações produtivas. A facilidade social se baseia na consciência social para permitir interações fluentes e eficazes. O espectro da facilidade social inclui: sincronia (interação fluente no nível não-verbal); apresentação pessoal (apresentar-se de maneira eficiente); influência (moldar o resultado das interações sociais) e preocupação (importar-se com as necessidades dos outros e agir com base nelas). (Inteligência social, p. 98)

Embora esse processo seja feito de maneira consciente, é a representação genuína da comunicação assertiva e empática, exige autoconhecimento e autogestão, autoestima equilibrada, quebra de paradigmas e crenças pessoais.

Para fechar a reflexão sobre o terceiro pilar, a contribuição com processos e informações se dará por meio das relações e interações com as pessoas. Ter consciência do quanto somos influenciados e influenciamos o outro e suas emoções, proporciona saber contribuir assertivamente uns com os outros. Essa conexão de confiança e livre de julgamentos de valor é extremamente facilitadora para gerar contribuições relacionadas à informação e processos.

Palavras-chave ligadas ao pilar contribuição: criatividade, entrega, parceria, confiança, assertividade, engajamento, cooperação e autonomia.

Transformação

Chegamos ao último pilar e a primeira reflexão é que se os outros três foram trabalhados com profundidade, a transformação é inevitável. A transformação já começa acontecer quando sua percepção é ampliada devido a uma profunda análise crítica. Se atuar com teses, antíteses e sínteses lhe trouxer um novo aprendizado, então algo já foi transformado, ainda que isolada e internamente. Neste nível, a transformação começa a ser externada quando você interage com o ambiente e com as pessoas sob um novo aspecto aprendido. Dar ao ambiente um elemento novo que não havia antes no seu interior. Ao tomar consciência dessa transformação interior, ainda que seja um conhecimento técnico, você tem condições e a responsabilidade de transferir esse conhecimento, por meio de interações e contribuições com outras pessoas, gerando novas transformações.

Nossa biologia está em constante transformação. Não precisamos ir mais longe do que o nosso umbigo para ver o quanto de transformações já sofremos. Ótimo, mas vamos falar de transformação do ponto de vista da inovação.

> Inovação refere-se à introdução de uma mudança julgada positiva, benéfica. Mudança significa, apenas, aplicações de uma invenção ou ideia nova, tanto no sentido positivo quanto negativo. Invenção é simplesmente uma descoberta, ou ideia nova, não usada ou aplicada. A inovação constitui-se, portanto, no uso prático de uma descoberta ou invenção, que provoca mudanças positivas na organização. (Gestão contemporânea, p. 229).

Para transformar tomando como referência a inovação, é necessário ter audácia, livrar-se de sentimentos de rejeição, por exemplo, além de saber lidar com a exposição pessoal e avaliação e crítica dos demais.

A transformação pode ocorrer no plano individual ou coletivo. Nem toda contribuição gera efetivamente transformação aplicada na prática. Pode ficar no âmbito das ideias, da reflexão e do filosófico. Mas toda transformação vem precedida de contribuições, interações e análises.

Pergunte-se: quantas contribuições feitas por você geraram transformações em você, nos outros e nos processos? Quanto você é uma pessoa receptiva e aberta para que as contribuições dos outros gerem transformações em você e no seu modo de operar tanto a si mesma quanto os processos em que se envolve?

Palavras-chave ligadas ao pilar transformação: inovação, engajamento, cooperação, audácia, assertividade e conexão.

Veja, mais adiante, a representação gráfica das palavras-chave em cada pilar. É muito importante deixar aqui registrado que a seleção dessas palavras para cada pilar não é, em hipótese alguma, estática, e não representa verdade absoluta. É apenas a representação inicial de como minhas conexões neurais formaram este mapa mental. Imagine que o quadro é um jogo de palavras, que pode ser alterado, incrementado com novas palavras e reformulado de acordo com o padrão mental de cada um, e o que cada palavra representa em cada interpretação. Como já entendemos que nosso conhecimento é transformado, é provável que a cada objetivo de carreira que traçar, fará uma nova modelagem desse quadro. Apenas uma das palavras é a minha aposta permanente: assertividade.

Ser assertivo é ser direto sem magoar. O profissional assertivo estabelece relações maduras e de interdependência, influencia e aceita ser influenciado, pois tem desenvoltura e flexibilidade na condução de seus comportamentos. Tem autoestima equilibrada, é determinado no que faz e quer. É afirmativo e consciente de suas capacidades e limitações. É ciente que está em constante transformação. Consegue ser verdadeira e genuinamente empático e por isso não é falso.

Possui adaptabilidade suficiente para colocar em prática, no momento certo, os comportamentos mais adequados que pode utilizar, mesmo não sendo um recurso abundante em seu perfil. Usa a razão para equilibrar suas emoções. Entristece-se, sente raiva, pode se frustrar às vezes, sim, mas consegue refletir maduramente sobre isso e aceita a diversidade humana e de sentimentos, consegue crescer.

Relação da assertividade com os quatro pilares

Análise e crítica: um profissional assertivo consegue se posicionar firmemente, com clareza, é direto e franco. Em situações de análise e crítica, consegue colocar seu ponto de vista sem agredir o outro, respeitando seu espaço e tentando influenciar positivamente.

Interação: estabelece interações respeitosas e produtivas, mesmo em situações de adversidade, pois conhece suas emoções e consegue usá-las a seu favor. É autêntico em seu interesse pelas pessoas, deixando prevalecer ora o domínio ora a dominação. É um verdadeiro empático sem se perder nos valores do outro, apenas navega para entender.

Contribuição: sabe usar sua criatividade no momento certo. Consegue se engajar facilmente, pois é aberto ao novo e a novos conhecimentos. Procura cooperar e busca a cooperação do outro, valorizando suas contribuições. É hábil em se colocar contra uma ideia, sem ser agressivo, invasivo, dominador, intransigente ou se valendo da humilhação para se sobressair.

Transformação: sabe a diferença entre audácia e aventura e quando usar. Toma para si a responsabilidade de seus atos e não culpa o outro pelo seu fracasso. Não se coloca como vítima e sabe perder em momentos onde sua ideia não prevalece. Por ser um profissional seguro e autoconfiante, se torna naturalmente um agente transformador, pois está sempre aberto e propenso ao movimento. Nunca está parado. Nunca perecerá.

QUADRO DINÂMICO DOS QUATRO PILARES DO DESENVOLVIMENTO DE CARREIRA

ANÁLISE	INTERAÇÃO
VIVÊNCIA	FLEXIBILIDADE
CRÍTICA	AMBIENTE
CONCENTRAÇÃO	CULTURA
CORAGEM	ADAPTABILIDADE
HUMILDADE	FLEXIBILIDADE
REPERTÓRIO	EMPATIA
AMBIENTE	RESILIÊNCIA
VISÃO MICRO, MACRO E DE PROCESSOS	INTERAÇÃO SOCIAL
CULTURA	ENVOLVIMENTO

Assertividade

CONTRIBUIÇÃO	TRANSFORMAÇÃO
CRIATIVIDADE	INOVAÇÃO
ENTREGA	AUDÁCIA
PARCERIA	CONEXÃO
AUTONOMIA	COOPERAÇÃO
ENGAJAMENTO	ENGAJAMENTO
COOPERAÇÃO	

Continuação (Parte II)

Missão e propósito
Sei ou não sei. Eis a questão!

Qual é sua missão? O que te move? O que é importante em sua vida que se você estivesse fazendo, sentindo, produzindo, se sentiria realizado?

Existem profissionais indecisos, improdutivos ou sem perspectivas sobre suas carreiras. Outros têm visão romântica do sucesso e se esquecem que existem aspectos a serem superados como concorrência, inovação e fatores mercadológicos. Pois bem, se quer ir para guerra, saiba que armas disponíveis possui e o que fazer com elas.

Durante minha pesquisa com profissionais em busca de carreira, percebi que muitos não conseguem responder essas perguntas imediatamente. Muitas vezes, é imprescindível uma discussão mais profunda e reflexiva sobre missão e propósito. Um indivíduo sem consciência sobre seus pensamentos, sentimentos, atitudes, e o que sua conduta pode gerar de transformações em si, no outro e no ambiente

– impactos positivos e negativos – terá dificuldades sociais e emocionais, refletindo negativamente em sua vida pessoal e profissional.

Viver sem essa consciência é colocar uma venda emocional. É não ter conhecimento do nosso valor, e do valor do nosso conhecimento, da razão pela qual agimos por coisas e pessoas, e pelas coisas e pessoas, e por nós. É como ser um expectador da própria vida, sem se dar conta dela e do que se passa. Inclusive, do que passa por ela.

Parece óbvio. E é!
Eu disse óbvio, não fácil.

Em seu livro, *Qual é a tua obra*, Mário Sérgio Cortella diz: "Fundamental é chegar ao essencial. Contar com mecanismos de reconhecimento é sinal de inteligência estratégica".

Para quem não sabe ou não tem isso muito claro, tente fazer o exercício abaixo sozinho. Vamos exercitar? Algumas perguntas para apoiar na reflexão.

1. Responda qual é a sua missão e propósito de vida. Para quê você existe? Que legado deixará para este mundo? Como as pessoas se lembrarão de você?
2. Pergunte a si mesmo, o que alcançar este propósito lhe proporcionará?
3. A cada resposta faça essa mesma pergunta, por mais algumas vezes.

É bem provável que ao final de muitas vezes fazendo-se a mesma pergunta, questionando seus próprios valores, indo a fundo à essência, terá respostas mais esclarecedoras sobre esse assunto. Não é fácil, por isso o trabalho de um *coach* especializado contribui e muito para isso. O *coach* vai te provocar, testar seus limites, desvendar o que está por trás das palavras. Vai tentar entender que sentimentos estão bloqueando sua liberdade emocional, vai desafiar suas crenças e te colocar à frente da sua vida. Sem máscaras, sem miopia, sem barreiras entre você e sua essência. Pense!

Desde que somos crianças, recebemos reforços positivos e negativos dos nossos pais, professores, amigos e ambiente. Informações pertencentes a uma cultura, e por nela estarmos, aprendemos de maneira implícita. São aprendizados que vamos arquivando em nossa memória e se tornam crenças e valores. Alguns ficam no campo da memória ativa, aqueles que mais usamos, e se tornam guias de nossa existência e lentes da nossa percepção da realidade. Quando crescemos, resgatamos muitos desses aprendizados na medida em que aumenta o nosso autoconhecimento. A partir da auto-observação ampliamos a nossa percepção não só de nós mesmos, mas do outro e do ambiente.

Todas as intenções, esforços e tomadas de decisões serão dirigidas para reforçar um ideal, quando a conexão entre você e sua essência estiver feita de modo consciente. Embora essa conexão tenha impactos diretos no planejamento de um objetivo profissional, na execução de atividades pertencentes a um cargo ou função, o compromisso que você firma, com você mesmo e sua essência, deverá ser maior. É superior.

Por isso, antes de pensar em planejar sua carreira, estabelecer seus objetivos de gestão, visualizar sua ascensão profissional ou projetar maiores ganhos financeiros, conecte-se!

O autoconhecimento que adquirimos por meio das reflexões que fazemos sobre o que pensamos, sentimos e como agimos, proporciona transformar modelos mentais nocivos adquiridos. Somos seres em mudança constante, e sob a análise da biologia, nosso aprendizado ocorre pela experiência obtida por meio da captação de informações pelos cinco sentidos, independentemente da nossa vontade.

Essa faceta biológica sustenta conclusões que antes pareciam muito abstratas sobre o autoconhecimento. Humberto Maturana, em várias de suas obras descreve sobre esse tema. Veja um trecho:

> O psíquico, o mental e o espiritual nos aparecem como coisas abstratas que distinguimos como mundos de entes que não podemos separar, ver, nem tocar, mas que afetam nosso viver, ou que distinguimos como processos em nós e nos outros que parecem ter existência própria,

> mas que às vezes podem mudar com a reflexão (...)" (A Ontologia da Realidade, 2014, p. 141).

Mais do que pensar em qual é sua missão, seu propósito, é pensar qual será o resultado da realização disso. Todas as vezes que a sua ação e os resultados dela não estiverem conectados com a sua essência, com seu propósito, e por isso você não se reconhecer, o resultado do seu trabalho será estranho a você. Sentimentos positivos e de esperança, esforço e recompensa, darão lugar a sentimentos de autorreprovação, frustração e desmotivação. Isso te levará imediatamente a levantar questionamentos como: não era bem isso o que eu queria, não me sinto motivado em continuar, está chato e percebo que o que quero está deslizando pelos meus dedos, estou perdendo tempo fazendo isso e não estou sentindo felicidade em realizar.

Por isso, após se conectar com seu propósito e essência, o trabalho de *coaching* de carreira o levará a transformar isso em competência para ação. Mapear que comportamentos precisam ser abandonados ou estimulados para colocar em prática as ações necessárias, vivendo de maneira coerente, com consciência, sem deixar que sentimentos negativos o traiam ou o boicotem. Usar a razão para controlar as emoções frente aos novos desafios que virão.

Ouvimos falar muito em manter o foco no objetivo. Muito bom! Aliás, excelente! Contudo, minha percepção é que foco sem causa um dia perece.

> (...) o mundo ocidental capitalista produtivo material altamente eficaz caiu numa armadilha: especializou-se nos "comos" e deixou de lado os "porquês". E aí temos um adensamento da insatisfação, do incômodo e, especialmente, do desespero. (Cortella, 2009, p. 66).

Pode até parecer mágica, primeiro você toma consciência e se conecta com seus valores para um propósito muito claro, e depois disso... Abracadabra! Tudo começa a acontecer organicamente, sem esforço, como as curtidas não patrocinadas do facebook.

Notícia ruim: as barreiras serão muitas, lidar com crenças, gana por dinheiro, influências externas, a frustração de não ocorrer no tempo que espera, as atitudes e mudanças de comportamentos incorretos, incertezas que virão, pouca visão e contato com a realidade. São grandes desafios. Gigantes a serem combatidos de frente. Afinal, se quer ir para guerra, precisa conhecer as armas que tem e o que fazer com elas. Não cai do céu e não tem mágica.

Notícia boa. Boa não, maravilhosa! Algumas coisas serão assim mesmo, orgânicas. Acontecerão em você e a sua volta porque você colocará foco, empenho e dedicação naquilo que o colocará perto da sua felicidade, vivendo suas forças em sua máxima potencialidade.

Por isso haverá de ter comprometimento com sua carreira e com os resultados que vai obter dela; responsabilidade para resolver e enfrentar conflitos de ordem prática, conflitos éticos, de relacionamento e conflitos internos; e reflexão, em seu mais profundo nível para desenvolver novos aprendizados se conhecer a fundo.

Agora respire, acalme-se!

Nada é impossível quando se faz o que tem que ser feito. O impossível para uns, é o possível para outros. É uma questão de opinião.

Esquema básico de geração de conhecimento e mudança

Não é possível mudar o que não se pode medir. Construir o futuro não pode ser somente uma reflexão filosófica.

Este esquema é uma das ferramentas que utilizo no processo de *coaching* de carreira. É uma maneira simples e organizada para traçar qualquer tipo de objetivo relacionado a carreira. Há os que digam, que não só funciona para carreira, mas para outros objetivos de qualquer natureza. Apenas organizei pontos importantes, e que como toda ferramenta pode sofrer transformações e evoluções.

ESQUEMA BÁSICO DE GERAÇÃO DE CONHECIMENTO E MUDANÇA

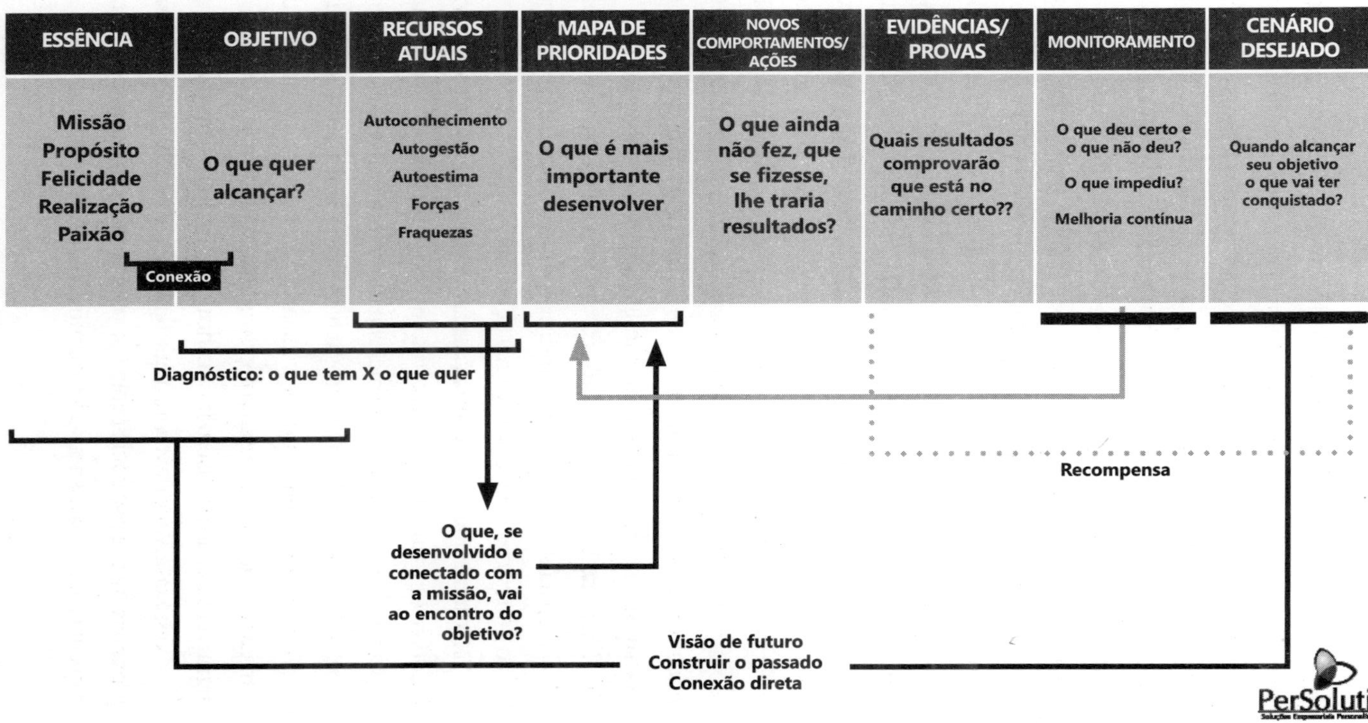

Antes de falar do processo de desenvolvimento em si, chamo atenção para o que vamos desenvolver. O primeiro quadro chamo de Essência, trata de descobrir e/ou conectar-se com sua própria missão, sua essência, saber claramente o seu propósito. Quando não conseguimos navegar na internet, pode ser que temos problemas de conexão com a rede. Analogicamente, se nossa conexão com a essência falhar, pode ser que não atinja o resultado que pensou no início, ou, a percepção de essência versus resultado poderá ser distorcida. Resultado disso? Perda de tempo, resultado não alcançado e uma baita frustração.

O segundo quadro, chamado Objetivo, use para colocar os de curto prazo, médio e longo prazo, aqueles diretamente ligados à sua carreira e aqueles que podem andar em paralelo, que não são objetivos profissionais, mas que podem potencializar sua felicidade em relação à carreira. Exemplo: um objetivo direto para carreira pode ser conseguir alcançar um novo patamar hierárquico. Um objetivo indireto pode ser perder peso ou manter-se em forma. Fará isso, pois acredita que sua saúde e bem-estar podem influenciar positivamente no trabalho. Então, fará um plano paralelo para os dois objetivos.

Essência e Objetivos fazem íntima conexão. Um deverá estar ligado ao outro até a conclusão de seus objetivos.

No quadro Recursos Atuais, imagine que vai tirar uma fotografia do cenário atual e escrever tudo o que se vê. Forças e fraquezas, aspectos de perfil como tendências naturais e não naturais de comportamento, recursos financeiros e tecnológicos disponíveis e indisponíveis, recursos emocionais e sociais, ou seja, coloque tudo o que tem para poder alcançar seus objetivos, e tudo o que não tem ainda, e alguns talvez não precise, para alcançar os mesmos objetivos.

Nessa fase, você descobre o que tem e o que não tem, para que nas próximas, sua consciência evolua para o que saiba o que sabe e saiba o que não sabe. Só assim poderá caminhar em direção à excelência.

A mala de viagem

Conta-se que um homem caminhava vacilante pelas estradas, levando uma pedra em uma mão e um tijolo na outra. Nas costas, carregava um saco de terra; em volta do peito, trazia vinhas penduradas. Sobre a cabeça, equilibrava uma abóbora pesada.

Pelo caminho, encontrou um transeunte que lhe perguntou: "Cansado viajante, por que carrega essa pedra tão grande?"

"É estranho", respondeu o viajante, "mas eu nunca tinha realmente notado que a carregava". Então, ele jogou a pedra fora e se sentiu melhor.

Em seguida, veio outro transeunte que lhe perguntou: "Diga-me, cansado viajante, por que carrega essa abóbora tão pesada?"

"Estou contente que me tenha feito essa pergunta", disse o viajante, "porque eu não tinha percebido o que estava fazendo comigo mesmo". Então, ele jogou a abóbora fora e continuou seu caminho com passos muito mais leves.

Um por um, os transeuntes foram avisando-o a respeito de suas cargas desnecessárias. E ele foi abandonando uma a uma. Por fim, tornou-se um homem livre e caminhou como tal.

(extraída do livro Psycho-Pictography, de Vernon Howard). Apud, Seja Assertivo, 2005.

O problema claro não era nem a caminhada, nem os transeuntes, nem a pedra e nem a abóbora. O que fez a diferença foi ele tomar consciência do que tinha e do que não tinha.

No quadro de Mapa de Prioridades, você fará uma pergunta para cada recurso que colocou no quadro anterior.

Para recursos disponíveis se pergunte: se eu reforçar este fator, estarei reforçando minha missão e propósito, vou em direção ao meu objetivo e ainda alavanco outros fatores?

Para recursos indisponíveis se pergunte: se eu desenvolver este fator, estarei reforçando minha missão e propósito, vou em direção ao meu objetivo e ainda alavanco outros fatores?

Para as repostas não, deixe onde está por enquanto. E para respostas sim, repita o recurso no quadro Mapa de Prioridades. A ideia é que você tenha foco no que é mais importante, então deve trabalhar com o que for realmente prioridade.

No quadro Novos comportamentos/ações, poderá colocar o que vai fazer na prática para que as prioridades sejam trabalhadas.

Há comportamentos que precisam ser eliminados, são nocivos e remetem a resultados catastróficos para as relações e ambiente. Outros não precisarão ser mudados, mas às vezes reforçados ou aprimorados. Os comportamentos se refletem nos diversos papéis que representamos.

Ao falar de novos comportamentos então, não só estamos falando de representar novos papéis, aqueles que deveríamos executar e não o fazemos, como aprimorar aqueles que já fazemos melhorando sua representação e o que é preciso fazer em cada representação. A isso, corroborando com Rios, em seu livro *Ética e competência*, chamamos de desempenho.

No quadro Evidências/Provas, anote no decorrer da execução do plano os resultados de seus novos comportamentos e ações. O que você não conseguia antes e passou a conseguir? Do que você se livrou que antes não conseguia? Que conflito resolveu que antes não resolvia? Que sentimentos tem agora após ter conseguido essas mudanças? Como as pessoas o tratam agora? Como está sua motivação? Manter contato com essas evidências te dará forças para continuar.

No quadro Monitoramento, anote o que deu certo até agora e o que não deu. Reflita sobre o que deixou de fazer, o que o impediu de fazer o que precisava ser feito, e avalie o que deve insistir ou continuar fazendo.

> Só seres que arriscam erram. Não confunda erro com negligência, desatenção e descuido. Ser capaz de arriscar é uma das coisas mais

> inteligentes para mudar. Tem de temer a negligência, a desatenção e o descuido. Erro é para ser corrigido, não para ser punido. O que se pune é negligência, desatenção e descuido. (CORTELLA, 2009, p. 29)

Esquece aquela história de aprender com os erros. Ainda sobre Cortella, aprendemos com a correção deles. Se o combustível do aprendizado fossem os erros, o melhor método pedagógico seria errar bastante.

Ele ainda complementa com a frase "É bom lembrar que todo cogumelo é comestível. Alguns apenas uma vez". Minha interpretação dessa frase, complementando o raciocínio anterior, é que a filosofia pode até parecer romântica, mas aprender com a correção dos erros está ligado à produtividade e desempenho. Alguns erros são fatais.

O monitoramento, a avaliação de resultados, checar números e formas de crescimento adquiridos, o desenvolvimento contínuo de capacidades cognitivas e sociais, não devem cessar. A reflexão e a continuidade é o que dará vitalidade às competências, às habilidades e ao seu perfil.

Minha opinião é que um dos modelos mais eficientes de aprendizagem é o descrito por Goleman em suas publicações sobre Inteligência Emocional. São as quatro fases:

-- Incompetência inconsciente: eu não sei o que não sei.

-- Incompetência consciente: agora eu sei o que não sei. Tenho consciência da minha incapacidade. Lembra-se da pedra e da abóbora?

-- Competência consciente: o treino me deu habilidade e agora eu sei o que sei.

-- Competência inconsciente: habilidade treinada e incorporada ao fazer natural. É orgânico.

E por último, o quadro Cenário Desejado. Pergunte-se o que terá conquistado quando alcançar seus objetivos? Quais serão seus sentimentos? Se sentirá realizado? Estará feliz? Terá construído um passado significativo de vitórias e realizações relevantes para si e para os outros? O que conseguiu foi a materialização de sua missão e propósito?

Conclusão

Montando o quebra-cabeças.

Como o esquema de desenvolvimento se entrelaça com os quatro pilares do desenvolvimento?

Construir cada quadro do esquema refletindo sobre os quatro pilares, pode tornar mais intensa a experiência do desenvolvimento.

Veja, estou propondo um novo desafio, o de desafiar no mínimo quatro vezes o conteúdo pensado para desenvolver sua carreira. Na prática, após ter feito a elaboração do primeiro quadro eu perguntaria a você:

a. Você considera que, ao construir este quadro, analisando e criticando todo o conteúdo discutido, gerou para você novos conhecimentos? Gerou possibilidade de desafiar suas próprias crenças? Gerou oportunidade de conhecer opiniões contrárias às suas de modo que conseguisse construir uma síntese?

b. Você considera que, ao poder vivenciar este quadro, terá oportunidade de interagir de maneira construtiva com pessoas, processos e ambiente, e crescer com eles?

c. Você considera que, ao viver este quadro, conseguirá promover contribuições para outras pessoas e se deixar aprender novas contribuições?

d. Você considera que, ao viver este quadro, você estará favorecendo, promovendo e agindo efetivamente na transformação de si mesmo e das outras pessoas?

Essas e outras perguntas relacionadas aos pilares podem e devem ser feitas durante o planejamento do esquema, em cada um de seus quadros.

Desse modo, não só alcançará os resultados colocados para sua carreira, mas estará caminhando para ser o profissional que o mercado espera, independente do nível hierárquico. Isso acontecerá porque além de desenvolver habilidades técnicas ou atribuições relacionadas a um cargo ou profissão, irá desenvolver habilidades cognitivas, sociais e emocionais. Será um profissional cada vez mais assertivo.

Do auxiliar ao diretor, o planejamento de carreira pode se conectar aos quatro pilares. O que pode mudar é a complexidade e a profundidade.

Do ponto de vista biológico e neurocientífico, influenciamos e somos influenciados pelas pessoas e ambientes. Conhecemos e ensinamos, damos e recebemos, esse processo é recursivo e inevitável. Por isso, o autodesenvolvimento não gera somente consequências para o próprio indivíduo, mas também para o coletivo.

A prática da evolução sistêmica interior será refletida no modo como o exterior percebe essas mudanças. Novas percepções e respostas virão, e de modo cíclico, a melhoria contínua acontece em direção ao seu objetivo de carreira.

O objetivo do processo de *coaching* de carreira é proporcionar ao cliente a autonomia do aprender e do aprender certo. Aprender a aprender, aprender que conteúdo aprendido é dinâmico. O conhecimento é ilimitado, a isso inclui-se o autoconhecimento.

Desafie seus limites, suas crenças, coloque em prática de forma esquematizada, procure boas fontes, busque autoconhecimento nas mínimas coisas, esteja atento a si e aos outros, se livre de julgamentos e amplie sua percepção em relação a tudo. E quando achar que conheceu tudo, verá que pode conhecer o mesmo tudo pelos olhos de outra pessoa, vai conhecer um tudo que não conhecia.

Busque o impossível e encontrará possibilidades que nunca imaginou existir. Se não sabe se será impossível, vá e faça. Só existe uma carreira importante para você: a sua! Ela pode flutuar, mudar, ir e vir, pode ser modular ou linear, pode começar cedo ou tarde. Mas ainda assim, você terá uma única vida para desenvolvê-la. Só uma pessoa poderá fazer a diferença em sua carreira. Você!

Boa sorte e sucesso!

Referências

ARAÚJO, Rosane Cardoso de, e RAMOS, Danilo (Orgs.). *Estudos sobre motivação e emoção em cognição musical*. Curitiba: Editora UFPR, 2015.

CORTELLA, Mario Sergio. *Qual é a tua obra?: Inquietações propositivas sobre gestão, liderança e ética*. Petrópolis: Vozes, 2009.

FRANÇA, Fábio, e LEITE, Gutemberg. *A Comunicação como estratégia de recursos humanos*. Rio de Janeiro: Qualitymark, 2007.

GOLEMAN, Daniel. *Inteligência Emocional – a teoria revolucionária que redefine o que é ser inteligente*. Rio de Janeiro: Objetiva, 1996.

______________. *Inteligência Social: o poder das relações humanas*. Rio de Janeiro: Elsevier, 2006.

LAGES, Andrea, e O'CONNOR, Joseph. *Coaching com PNL: guia prático para alcançar o melhor em você e em outros. Como ser um coach master*. Rio de Janeiro: Qualitymark, 2004.

MCGREGOR, Douglas. *Gerenciando o lado humano na empresa*. Rio de Janeiro: Qualitymark, 2002.

MARTINS, Vera. *Seja Assertivo! – Como ser direto, objetivo e fazer o que tem de ser feito: como construir relacionamentos saudáveis usando a assertividade*. Rio de Janeiro: Elsevier, 2005.

______________. *O emocional inteligente – como usar a razão para equilibrar a emoção*. Rio de Janeiro: Alta Books, 2015.

MATURANA, Humberto R. *A ontologia da realidade*. Belo Horizonte: Editora UFMG, 2014.

______________. *A árvore do conhecimento: as bases biológicas da compreensão humana*. São Paulo: Palas Athena, 2001.

MOTTA, Paulo Roberto. *Gestão contemporânea: a ciência e a arte de ser dirigente. Um instrumento indispensável para o desenvolvimento pessoal e profissional de atuais e futuros executivos*. Rio de Janeiro: Record, 2004.

PASSADORI, Reinaldo. *Comunicação essencial: estratégias eficazes para encantar seus ouvintes*. São Paulo, Editora Gente, 2003.

RIOS, Terezinha Azerêdo. *Ética e competência*. São Paulo: Cortez, 2011.

SANTARÉM, Robson Goudard. *Autoliderança: uma jornada espiritual – para maior consciência na gestão com pessoas*. Rio de Janeiro: Editora Senac Rio, 2009.

TIEPPO, Carla. *Artigo: Seis achados da neurociência que são úteis para a carreira*. http://carlatieppo.com/conteudo/sala-de-leitura.asp?id=86.

6

Sua carreira, sua obra

A chave do sucesso profissional é se conhecer. Descobrir seus pontos fortes e saber reconhecer e explorar seus talentos para construção de uma carreira de sucesso. Entender o seu próprio SER, o que faz sentido e o que leva a ter prazer no que faz são os primeiros passos para se conscientizar como protagonista da sua própria obra

Renata Nigri

Renata Nigri

Coach pessoal e empresarial, com clientes que consistem em: CEOs, diretores, gerentes e supervisores, equipes de projeto e de vendas. Forte habilidade em desafiar e encorajar seus clientes a pensar, definir uma visão clara de objetivos, ser e fazer o seu melhor de forma consciente na busca de resultados positivos. Palestrante em Congressos e encontros nas áreas de Gestão de Projetos ligados ao PMI e Recursos Humanos. Profissional com vasta experiência em gerenciamento de projetos, com certificação internacional PMP® e treinamento, em empresas nacionais e multinacionais. Professora universitária dos temas gerenciamento de projeto e *coaching*.

Contatos
www.renatanigri.com.br
www.facebook.com/RenataNigri.coach
Linkedin RenataNigri
Instagram Coach_RenataNigri
renata.nigri@renatanigri.com.br
(21) 99500-7290

Meu objetivo com essa leitura é despertar em você uma vontade incrível de buscar autoconhecimento e autodesenvolvimento para (re)conhecer seus talentos e (re)pensar a sua carreira.

O talento nasce com a própria pessoa de forma bruta e precisa ser lapidado para que o brilho apareça.

Sendo assim, o primeiro passo é reconhecer o seu dom e os próximos passos no caminho do sucesso são aprofundar os conhecimentos sobre ele, treinar e praticar para ganhar habilidade.

Então, ao buscar conhecimento para suas aptidões, será prazeroso e favorecerá para que atinja um alto grau de habilidade e, consequentemente, um alto desempenho.

Embora não exista fórmula para o sucesso, acredito que trabalhar com paixão, com o que gosta e com o que leva jeito é o caminho, porque se torna mais prazeroso e até divertido. Como *coach*, tenho a oportunidade de viver e ver isso acontecer com várias pessoas.

Logo, esse é o caminho mais "certo" para o sucesso e não necessariamente o mais curto, porque é preciso estudo e prática para ganhar musculatura e, assim, conquistar resultados cada vez melhores.

Nesse sentido, pode-se dizer que é um desperdício total o desconhecimento do talento e a falta de investimento no conhecimento.

Atualmente, a definição de carreira mudou e não é mais "o caminho na vida profissional", mas como profissionalmente a pessoa constrói e avança pelos caminhos que se abrem, com criatividade e visão.

Nos últimos dez anos, o mundo mudou em uma velocidade inimaginável com a tecnologia: surgiram novos modelos de negócio em todas as áreas, assim como novas profissões e atividades.

Sim, hoje as profissões mais promissoras estão longe das tradicionalmente conhecidas. E mais, as carreiras ligadas à inovação, sustentabilidade, lazer, meio ambiente, *marketing* e tecnologia são as mais indicadas como as profissões do futuro.

Sendo assim, um novo modo de trabalho passou a se estabelecer nas empresas, onde, mesmo as grandes, se organizam sem tantas estruturas fixas, com estruturas menos formais e mais enxutas.

Por outro lado, as relações de trabalho também estão mudando fora das empresas e cada vez mais existem profissionais liberais trabalhando em rede.

Evidentemente, devido ao leque de opções, a escolha de carreira passou a ser mais complexa mesmo. Portanto, a saída para fazer uma boa escolha é estar antenado e conhecer a si mesmo – o seu talento, a sua personalidade e os seus comportamentos preferenciais.

Neste momento, proponho um primeiro exercício de autoconhecimento com perguntas para fazer você pensar:

- Quais são suas preferências pessoais?
- Quais são seus comportamentos preferenciais?
- Quais são os temas que se interessa?
- Quais são os seus pontos fortes?
- O que pode contribuir neste mundo por meio dos seus talentos?

Além da reflexão, essas perguntas poderosas podem te ajudar a ampliar a consciência do momento presente e esse é o caminho que favorece uma boa escolha de carreira.

A partir do "ser", pensar no que "fazer" e buscar as opções.

"A mente que se abre a uma nova ideia
jamais voltará ao seu tamanho original".
Albert Einstein

Então, reflita por alguns instantes antes de avançar e escreva os pensamentos e sentimentos que emergiram.

Vou compartilhar um pouco da minha história sobre a decisão de mudança de carreira.

No meu primeiro treinamento de *coaching*, consegui enxergar com nitidez os meus talentos. Praticando o *autocoaching*, foi que reconheci os meus pontos fortes e o meu potencial.

O mais incrível é que as respostas estavam dentro de mim e a partir daí comecei a ter ainda mais consciência dos meus valores e da minha missão de vida.

Agora, nas próximas páginas, irei propor que pense sobre mais algumas perguntas poderosas na direção do seu autoconhecimento.

Então, ao refletir sobre essas perguntas, você poderá ter uma grata surpresa. A surpresa de encontrar o que estava esquecido, adormecido ou ainda não tinha reconhecido em você. É como arrumar o armário e achar uma roupa que você adora e já não se lembrava mais que tinha.

Prepare-se para responder:

- Quais são as suas cinco principais características?
- O que gosta de fazer e faz muito bem com facilidade?
- Que comportamentos práticos evidenciam isso?

As respostas irão revelar seus pontos fortes e irão ajudar no desenvolvimento do seu talento. É dessa forma que as pessoas mais bem-sucedidas fazem, porque é mais fácil melhorar no que já somos bons do que transformar fraquezas em fatores de sucesso.

Agora, proponho um novo exercício para fazer o seu planejamento estratégico de vida e carreira, chamado SWOT PESSOAL, muito utilizado em processos de *coaching*.

As perguntas a seguir vão te ajudar a pensar e orientar o preenchimento.

- **Forças (internas) = *strengths*.** Quais os principais pontos fortes, forças, qualidades, virtudes ou talentos?

- **Fraquezas (internas) = *weaknesses*.** Quais são os pontos a serem melhorados, principais fraquezas, defeitos ou dificuldades?
- **Oportunidades (externas) = *opportunitties*.** Que oportunidades existem para você aproveitar essas forças e alcançar seus objetivos?
- **Ameaças (externas) = *threats*.** Que ameaças existem pelas suas fraquezas que podem impedir de você atingir seus objetivos?

Forças	**Fraquezas**
______________________	______________________
______________________	______________________
______________________	______________________
______________________	______________________
______________________	______________________
______________________	______________________

Oportunidades	**Ameaças**
______________________	______________________
______________________	______________________
______________________	______________________
______________________	______________________
______________________	______________________
______________________	______________________

Recomendo que invista tempo no preenchimento desse quadro e depois reflita sobre as questões a seguir:

- O que você pode aprender com essa análise?
- O que você poderia melhorar ou desenvolver para aproveitar melhor as oportunidades e diminuir as possíveis ameaças?

Essa análise me ajudou muito na minha tomada de decisão de me dedicar a uma nova carreira em tempo integral e deixar de lado a carreira corporativa.

Tomar uma decisão dessa não é fácil, foi preciso eu ter determinação, estudar e investir tempo e dinheiro nesta mudança. Mas depois de tomada, tive a certeza que foi a melhor coisa que eu fiz porque conhecia o meu propósito, tinha consciência dos meus comportamentos preferenciais e reconhecia os meus talentos.

Preciso citar também que além da minha força de vontade, tive muito apoio da minha família, de amigos e principalmente do meu marido, o que me encorajou também.

E, assim, tive clara a minha missão profissional, o que me trouxe um sentimento de realização imenso:

"Pelo *coaching*, ajudar a transformar talentos em profissionais felizes e de alto desempenho, gestores da sua vida e carreira.

Contribuir para realização profissional e pessoal dessas pessoas."

Gosto da metáfora da "Sua carreira, sua obra" porque representa o crescimento profissional como uma edificação. Nesse sentido, retomando a minha história, comecei a minha obra pela ampliação da zona de conforto.

Mas todo processo de construção começa com demolição e a minha primeira demolição foi o desapego da pseudossegurança de ser empregada com uma remuneração conhecida, para fazer uma nova construção onde eu passaria a gerar minhas próprias fontes de receita.

Nesse momento, já não estava mais empregada e decidi fazer a formação em *coaching* executivo. Esse treinamento foi fundamental para ampliar minha percepção de necessidades de mudança e uma alavanca para atingir os meus objetivos profissionais.

Enfim, fazia parte dessa capacitação realizar uma avaliação de perfil de liderança usando uma ferramenta chamada alfa. Essa ferramenta de *assessment* identifica o quão intensamente você é como líder por meio das seguintes informações:

- As principais características alfa: foco em resultado, senso de urgência e assertividade.
- Os temas de riscos dos alfa: competitividade, impaciência e controle da raiva.
- As características e riscos em cada um dos quatro estilos de liderança (comandante, visionário, estrategista e executor).

É uma ferramenta das mais estudadas e respeitadas para avaliação de perfil de líderes. Os pesquisadores Kate Ludeman e Eddie Erlandson publicaram o artigo "O macho alfa e o *coaching*", baseando-se em uma pesquisa feita com mais de dois mil executivos, cujo resultado deu origem a uma teoria de perfil comportamental comum a 70% desses líderes: o perfil alfa.

Foi observado que as mesmas forças responsáveis pelo sucesso de quem tem esse perfil, quando em desequilíbrio, constituem sua fraqueza.

Mas para reduzir os riscos inerentes ao líder alfa, o ponto de partida é o autoconhecimento, que pode ser promovido por meio de um processo de *coaching*.

Bem, o resultado da minha avaliação demonstrava que eu era uma líder alfa com características positivas que favoreceriam a minha carreira como *coach*.

Dessa forma, reconheci a minha competência de liderança e talento para me tornar uma *coach* profissional.

Outra confirmação interessante para mim foi que essas características também fizeram com que me destacasse na minha carreira anterior na área de projetos e treinamento.

Isso fez crescer a minha autoconfiança e motivação.

Embora tivesse pontos muito fortes, também possuía riscos relacionados a essas forças por apresentar comportamentos intensos, que demonstravam certa agressividade e impaciência. No contexto das minhas experiências, isso fazia total sentido.

A partir dessa conclusão, ficou claro para mim por que tive alguns problemas de relacionamento e quando passei a ter consciência disso, consegui modular os riscos e explorar ainda mais os meus pontos positivos.

Logo, o resultado desse *assessment* ampliou a minha percepção do que poderia me trazer problemas e a oportunidade de mudar o meu padrão de comportamento, além de alguns hábitos que atrapalhavam a minha forma de expressar ideias e de exercer a liderança.

Vale ressaltar que, esse ou qualquer outro *assessment* não deve ser interpretado como uma verdade absoluta e sim como um mapa para explorar o seu "território" (a pessoa).

Enfim, com isso reconheci que poderia aproveitar a minha experiência no mundo corporativo para desenvolver competências de liderança *coach* nos profissionais em todos os níveis. Isso foi fantástico!

No meu entendimento, todo gestor deveria ter as competências de um líder *coach* e a seguir vou explicar porquê.

O líder *coach* é aquele que utiliza os princípios do *coaching* para:

- aumentar o engajamento, a *performance* e a produtividade da equipe;
- lidar de forma eficaz com situações que exigem flexibilidade, criatividade e inovação;
- superar expectativas e obter muito mais resultados.

Sobre esse tema, apresento duas competências que aprendi nas capacitações que fiz e que aplico diariamente na minha vida pessoal e profissional: o princípio do não julgamento e a escuta ativa.

Sim, ambas escalaram o meu aprendizado e trouxeram leveza aos meus relacionamentos, favorecendo o meu crescimento profissional.

O princípio do não julgamento é não fazer juízo de valor sobre o que as pessoas são.

E a escuta ativa, que significa estar presente na fala do outro, sem pensamentos paralelos, observando todos os sinais dessa comunicação: o tom de voz, o olhar, as emoções e o pensamento sistêmico.

Então, experimente criar atitudes práticas que demonstrem essas competências e poderá perceber em pouquíssimo tempo a melhora na qualidade dos seus relacionamentos, porque favorece o bom entendimento entre diferentes partes e reduz os conflitos.

Algumas dicas:

- Escutar as pessoas até o fim, sem interrupções.
- Demonstrar interesse em ouvir e entender o outro.
- Não julgar.
- Aceitar que existem opiniões diferentes das suas baseadas em outros valores e crenças.
- Ser assertivo, claro nas abordagens e ir direto ao ponto.
- Ter em mente que entrar em consenso não é concordar e sim chegar a um acordo.
- Aceitar que a última palavra não tem que ser a sua.
- Ser ético.
- E, finalmente, ter consciência do que é relevante – ter razão ou ter paz e ser feliz?

Agora apresento atitudes práticas que trouxeram qualidade para minha vida em todos os sentidos e podem trazer para a sua também:

- Sou extremamente positiva e orientada a resultado.
- Faço meu trabalho com entusiasmo e paixão.
- Falo de ideias e não de pessoas.
- Trabalho a argumentação com base em fatos e dados.
- Tenho senso de urgência na busca de soluções.
- Busco desenvolver a minha inteligência emocional para administrar as emoções com a razão.
- Crio parcerias positivas voltadas para os resultados do trabalho.
- Pratico a escuta ativa.
- Utilizo o princípio do não julgamento.
- A minha vaidade está no resultado do trabalho e não dentro de mim.

Sabe o que me motiva a ter essa conduta? É dar um valor enorme ao tempo e a integridade na relação com as pessoas.

"O tempo é relativo, o que fazemos com ele é que não é".

Durante os meus estudos para autodesenvolvimento e capacitações em *coaching*, tive acesso a obras superinteressantes de diversos autores, especialistas em desenvolvimento humano. Recomendo aqui algumas para você fazer novas descobertas e ter novos *insights*:

- **Qual é a tua obra?**, de Mario Sergio Cortella;
- **Paixão por vencer**, de Jack Welch;
- **O poder do hábito**, de Charles Duhigg entre outros que me proporcionaram conhecimentos e *insights* para desenvolver novos pensamentos, novos sentimentos e novos comportamentos;
- **O 8º. hábito, da eficácia à grandeza**, de Stephen Covey.

A partir do autoconhecimento e reconhecimento da sua missão e propósito, a especificação dos objetivos profissionais é o próximo passo decisivo na construção da sua obra.

Então, aproveito para citar algumas teorias que ligam objetivos e propósito com motivação e realização, que existem há séculos e legitimam a importância deste passo:

1. **Aristóteles,** filósofo grego abordava que o propósito era fundamental para gerar ações.
2. **Cecil Mace,** filósofo e psicólogo britânico, que, em 1935, conduziu os primeiros estudos empíricos sobre estruturação de objetivos.
3. **Viktor Frankl,** psiquiatra austríaco que, em 1948, escreveu no seu livro Em busca de um sentido o seguinte: "O homem só pode viver olhando para o futuro e definindo objetivos, mesmo que não os alcance. É isso que orienta seus esforços e dá sentido a seu sofrimento".

4. **Edwin Locke,** psicólogo americano, que, ao longo de 25 anos, realizou pesquisas baseadas em mais de 40 estudos que deram origem à Teoria da definição de objetivos. Sua conclusão foi que uma vez que o objetivo é aceito e entendido, ele permanece na periferia da consciência como um ponto de referência para guiar e dar sentido às subsequentes ações mentais e físicas.

Retomando a minha história de transição de carreira.

Para acelerar esse processo, contratei um *coach*. Ele me ajudou muito na estruturação de um plano consistente.

As evidências dos meus progressos seriam:

1. estar atendendo profissionalmente cobrando em seis meses;
2. ter avaliações positivas dos meus clientes; e
3. ser recomendada pelos meus clientes.

Mas o incrível é que elas aconteceram na metade do tempo! Para isso, fui muito aplicada, focada, disciplinada, obstinada e positiva. Tinha metas de curtíssimo e curto prazo.

Bem, para viabilizar financeiramente esse meu projeto de nova carreira, com investimentos altos em formações e ainda com poucos clientes, precisava criar novas fontes de receita, sem perder o foco.

Então "olhei para dentro da minha bagagem" e reconheci competências e habilidades como instrutora. Ministrar treinamentos favoreceria a captação de novos clientes de *coaching* e a divulgação do meu novo trabalho.

E, a partir daí, surgiu a ideia de dar aulas! Meu *coach* me convidou para ministrar uma aula na Universidade Estácio de Sá no Rio de Janeiro e, em poucos meses, eu estava lá também como professora convidada do MBA de Gestão de Projetos. No mesmo ano, uma nova oportunidade de dar aulas de gestão de projetos na graduação do Instituto Infnet no Rio de Janeiro.

Assim, foi consolidada uma nova carreira como professora.

Ainda neste mesmo ano, recebi um convite para ser mediadora de um painel em um congresso na área de projetos. Aceitei e foi ótimo! Então, enxerguei uma nova oportunidade de me tornar palestrante.

Contudo, a forma mais fácil seria pela área de projetos, que era a minha formação e experiência até aquele momento, já com um bom *networking* e reconhecimento pelo tempo de carreira, além da certificação internacional em gerenciamento de projetos.

Enfim, busquei contatos e, em menos de um ano, fui convidada a participar de quatro congressos, sendo que um deles na área de Recursos Humanos. Estar nesse congresso representou para mim um marco na minha carreira como *coach*, pois nesse eu não estava mais vinculada ao tema projeto e sim ao *coaching*, falando para uma plateia de executivos de RH.

Enfim, os caminhos começaram a se cruzar e novas oportunidades a aparecer. A essa altura a minha zona de conforto estava de fato expandida.

A dica foi eu ter identificado os interlocutores de mercado mais adequados para minha busca e onde encontrá-los. O Linkedin foi uma ferramenta importante nesse mapeamento e exposição.

A minha mensagem para você é que, entre o querer e o poder, existe uma ponte que você precisa construir, que chamo de força de vontade. É essa ponte que conduzirá você a novos projetos e realizações.

Costumo dizer o seguinte, não temos o controle do resultado, mas do que podemos ser e fazer de melhor. Tenha foco, mude o olhar e acelere seus resultados!

Relatei alguns fatos da minha vida para demonstrar para você, mais uma vez, o quanto é importante o autoconhecimento para reconhecer seus talentos, desenvolver conhecimentos e direcionar sua carreira.

Enfim, fazer escolhas que te apoiarão eficazmente em seus objetivos profissionais e até pessoais alinhadas com a sua missão e propósito.

Contudo, se a pessoa já tem uma carreira que se identifica e está querendo expandir ou fazer uma transição de trabalho, é fundamental que tenha o seu objetivo profissional muito claro.

O objetivo profissional é importante, porque ele orienta o que você quer fazer e o tipo de trabalho que você quer dentro da sua profissão ou atividade.

Então, as perguntas poderosas a seguir te ajudarão na sua autoavaliação:

- Quais são meus interesses?
- Do que realmente gosto de fazer?
- Que tipo de atividade ou ambiente me atrai?
- O que faço melhor?
- Quais são minhas três a seis habilidades ou competências mais fortes?
- O que me diferencia das outras pessoas em busca por trabalho semelhante?
- Quais são meus valores e prioridades?
- O que é importante para mim?
- De que maneira o trabalho se ajusta aos demais aspectos de minha vida?
- O que não quero fazer?
- Qual seria meu trabalho ideal?
- Como quero que minha vida e trabalho sejam daqui a dois anos (curto prazo) e dez anos (longo prazo)?

Agora, vamos às ações sugeridas para traçar seus objetivos profissionais:

- Avaliar seus comportamentos preferenciais.
- Avaliar seus valores e competências.
- Visualizar sua carreira e do que pretende para sua vida profissional no futuro.
- Avaliar o tipo de empresa ou negócio que pode ser mais interessante para você nesse momento.
- Pesquisar as opções de carreira que interessam a você agora e no futuro.

Atualmente, trabalho com *coaching* de carreira, ajudando as pessoas na gestão da vida profissional na escolha da carreira ou na sua continuidade por meio da recolocação ou da transição de atividade.

O papel do *coach*, nesse processo, é atuar exatamente como um treinador esportivo faz: planeja o futuro, oferece recursos, tira limitações, encoraja e desafia a pessoa a obter mais dela mesma e a conquistar realizações. Um técnico não faz a jornada pelo atleta, mas está presente em todos os estágios, encorajando-o, motivando-o e, sobretudo, oferecendo todo seu conhecimento para que o atleta possa ter autoconfiança para romper seu próprio limite e conquistar o que foi planejado.

O papel do *coachee* (cliente) é como de um atleta na busca de alto desempenho. Para isso, precisa de: disciplina, empenho, determinação, motivação e garra na busca de resultados conscientes.

Ambos trabalham em parceria e estabelecem uma relação de confiança, respeito, cumplicidade e confidencialidade.

Um programa de *coaching* de carreira tem duração de três a quatro meses, com sessões semanais de 60 a 90 minutos. As sessões são interativas e acontecem com uma frequência normalmente de uma vez por semana para que o cliente tenha tempo de entrar em ação e experimentar resultados, perceber as mudanças que são necessárias e realizá-las.

Esse trabalho é direcionado pelo *coach* pelas sessões e de uma assessoria para realização de metas entre as sessões, para ajudar o *coachee* a manter no foco.

Os principais estágios no *coaching* de carreira:

1º Entender o ambiente profissional
Pesquise as tendências de seu mercado de origem e como elas afetam sua busca.

2º Definir o objetivo profissional
Defina e documente claramente seu objetivo profissional.

3º Criar uma estratégia de comunicação

Comunique sua oferta a possíveis empregadores e outras pessoas usando seu currículo, cartas de apresentação e redes sociais profissionais.

4º Identificar o mercado alvo

Identifique quais são os mercados mais adequados para sua busca, com base na sua formação, experiências e perfil profissional.

5º Explorar as informações sobre mercado

Acelere a busca em seu segmento-alvo e explore ferramentas de inteligência de mercado.

6º Fazer contatos e mantê-los ativos

Converse ou troque informações úteis para a sua busca.

7º Trabalhar o *networking*

Converse semanalmente com interlocutores que podem prover informações relevantes ou estarem envolvidos na decisão de indicá-lo ou contratá-lo e tenha um desempenho excelente nesses encontros.

8º Explorar oportunidades

Responda a anúncios *on-line* e desenvolva novas ações junto ao mercado.

9º Participar de processos seletivos

Busque oportunidades e negocie propostas para a posição que deseja.

10º Fazer a transição para o novo emprego

Avalie a oportunidade para tomar a decisão de aceitar o novo emprego de forma consciente.

Minha mensagem final pode ser resumida nesta frase de Steve Jobs: "A única maneira de fazer um trabalho magnífico é amando o que faz".

Exerça o seu talento e as chances de ser feliz e bem-sucedido serão infinitamente maiores. Então, agora responda com confiança "Qual é a sua obra?".

7

Escolhendo uma carreira

"Se nós não planejamos o nosso futuro, outros o farão para nós, por nós ou, pior... contra nós".

– Eliezer Arantes da Costa

"Nós sempre começamos por procurar uma carreira, mas não é incomum que, muitas vezes, uma carreira nos encontre".

– Max Gehringer

Se desejar ter sucesso profissional, inicie pelo autoconhecimento, pois todas as respostas estão, =definitivamente, dentro de você

Risolene Coutinho de Sousa

Risolene Coutinho de Sousa

Master Coach pela Sociedade Latino Americana de Coaching – SLAC, Coach Ontológico; *Master Practitioner* em Programação Neurolinguística (PNL); Analista DISC®, SixSeconds®, Assess®; Empresária; Escritora; Palestrante; Pedagoga; Licenciada em Letras; MBA em Gestão de Negócios pela FESP-SP; Especialização em Gestão de Pessoas, Emotologia, Cinesiologia, Metafísica e Eneagrama.

Contatos
www.formacoach-pnl.com.br
risolene.coach@gmail.com
(11) 99991-6174

Falando de carreira

Poucas são as pessoas que exercem a profissão que sonharam. Algumas fazem o que se apresentou como oportunidade e, mesmo não escolhendo, adaptaram-se e aprenderam a gostar. Isso explica o motivo de muitos pais quererem transferir aos seus filhos os seus sonhos.

Vermos adolescentes deixarem para decidir qual profissão seguir quando estão para prestar o vestibular. Nessa época, surgem muitas dúvidas, insegurança e preocupações. Fazer uma escolha acertada não é fácil, pois o adolescente está no auge do desenvolvimento biológico e cognitivo, com seus hormônios e impulsos à flor da pele. De outro lado, estão os pais com a melhor das intenções, amor, anos de experiência e maturidade e, mesmo sem querer, transferem suas expectativas aos filhos.

Há, também, pessoas que já adquiriram uma profissão, estão empregadas, mas não estão satisfeitas com o cargo, com a área de atuação ou mesmo com a empresa, e desejam mudar isso, mas não sabem como fazer. Há outros que estão desempregados, buscando uma colocação no mercado de trabalho, e gostariam de desenvolver habilidades e novas competências para destacarem-se e ter um diferencial.

Qualquer motivo que faça uma pessoa pensar em sua carreira, desperta diálogos internos com questões que mexem com o seu emocional. Estabelece-se o caos, surgem os conflitos de sentimentos e pensamentos, as dúvidas, os ideais, os desejos de realização. O que fazer? Onde? Será que vai dar certo? E se não for esse o caminho?

Descobrir o que é necessário para se desenvolver em uma profissão é muito importante, sabendo que cada ser humano é único e possuidor de um talento especial.

Fazer um planejamento de carreira não é uma atividade que precisa fazer sozinho. O apoio de um profissional especializado permitirá que enxergue com clareza o que realmente quer, quais são as opções que lhe cabe e como dar os primeiros e os próximos passos.

O processo de *coaching* de carreira

Coaching de carreira é um processo que trabalha o desenvolvimento de potenciais, o despertar de talentos e de capacidades. A pessoa participa de atividades dinâmicas constituídas de análises e avaliações de perfil e vocação profissional. Essas análises de comportamento e de inteligência (DISC®/SixSeconds®), permitem ao cliente (*coachee*) reconhecer seus recursos internos, seus talentos, crenças e valores, forças e fraquezas, o que o motiva, quais capacidades e competências tem e as que precisa desenvolver, para assumir uma carreira.

O profissional *coach* estimula o indivíduo com perguntas, apoiando-o a identificar sua meta, seu objetivo e a descobrir seu propósito de vida, trabalhando seus modelos e padrões mentais, para que construa suas próprias soluções e faça escolhas que se alinhem ao seu perfil. Ao ter clareza dos momentos atual e o desejado e saber a importância ou a necessidade de uma mudança, o *coachee* terá certeza e confiança nas escolhas que fizer.

Esse trabalho pode ser desenvolvido em qualquer momento da vida profissional. Dedicar um tempo para planejar o desenvolvimento da carreira traz a sensação de estar progredindo na vida profissional, gerando satisfação pessoal.

Independente das situações econômicas e momentos de crise, conhecer a si mesmo e ter algo a mais para destacar-se no mercado pode ser o grande diferencial.

Fazendo escolhas

O conceito que temos do que é certo ou errado exerce grande influência em nossas escolhas. Assistimos diariamente as escolhas feitas por nossos familiares, amigos, colegas de estudo ou de trabalho, vizinhos, políticos e, principalmente, por nós mesmos. Dependendo das escolhas feitas, as consequências serão apresentadas, quase que imediatamente.

Claro que acidentes acontecem, às vezes deixamos um copo cair, batemos o joelho na ponta da cama etc. Fazer a escolha de uma carreira não pode ser um acidente, mas acontece, infelizmente. Há casos em que a necessidade fala mais alto e outros que a remuneração é tão boa que se torna tentador.

Como foi a escolha da profissão que está hoje? Que resultados alcançou ou realizou?

É bom analisar o caminho que percorremos em nossa vida profissional. Você pode perceber se há possibilidades de crescer, de desenvolver-se dentro da área que está atuando, ou fazer novas escolhas.

Harmonizar a vida pessoal com a profissional é o sonho de todos, que pode se tornar possível ao conhecer e compreender quais são os valores profissionais que mais importam e aquilo que quer obter com o seu trabalho.

A seguir, listamos algumas perguntas que auxiliarão avaliar os valores de trabalho, responda-as e atribua uma nota de 0 a 10 para cada questão, sendo 0 para menos importante e 10 para mais importante. Ao final, liste em ordem decrescente o resultado para conhecer o seu valor de trabalho, qual a importância que ele tem para você e o que quer com ele.

1. O seu trabalho envolve o uso de habilidades, desafios e incentiva realizações e conquistas?
2. O ambiente de trabalho é confortável, sem estresse, estável e seguro?
3. Em seu trabalho, você envolve-se em vários projetos, conhecendo pessoas e experiências diferentes?
4. Seu trabalho exige que você assuma riscos pessoais e financeiros, lidando com incertezas, criando algo do zero?
5. Seu trabalho lhe oferece boa recompensa financeira, destaque profissional e social?
6. Em seu trabalho, você contribui para o bem-estar da sociedade, trazendo benefícios à comunidade?

7. Seu trabalho lhe dá oportunidade de estar no controle e usar a sua iniciativa?
8. A empresa na qual trabalha trata as pessoas com igualdade de oportunidade no trabalho, de forma justa?
9. O ambiente de seu trabalho é agradável e fácil de conviver com seus colegas?
10. Seu trabalho oferece a oportunidade de comandar e influenciar pessoas, liderar?

Questão	Pontuação	Valor	Questão	Pontuação	Valor
1		**Realização/ Desafio**	**6**		**Altruísmo/ Serviço**
2		**Segurança/ Estabilidade**	**7**		**Autonomia**
3		**Variedade**	**8**		**Justiça**
4		**Empreendimento/ Risco**	**9**		**Social**
5		**Situação econômica**	**10**		**Influência**

Conhecer a importância que atribui ao trabalho e qual profissão atende a suas prioridades só é possível compreendendo seus valores e conhecendo os tipos de recompensas que deseja com ele.

A satisfação e o equilíbrio que se busca na vida profissional e pessoal estão relacionados à flexibilidade quanto a horários, padrões e local de trabalho, entendendo que tudo muda com o tempo, inclusive pessoas e circunstâncias. Independente da idade, uma pessoa aos 20 anos não permanece a mesma dos 30 aos 60, pois amadurecemos com as experiências e aprendemos como funcionamos melhor, por isso podemos fazer novas ou diferentes escolhas.

Mudar o rumo da carreira ou reiniciar do zero não é fácil. Muitos estão fazendo isso, estão voltando para a escola e aprendendo algo novo, pois fazer novas escolhas é continuar vivendo.

Observando seu diálogo interior

Conversamos conosco o tempo todo e essa conversa nasce de nossa inteligência intrapessoal, que amplia nossa capacidade de reflexão. Todas as decisões que tomamos passam por esse diálogo interno e é nele que estão envolvidos todos os sentidos e as emoções que impactam nossas decisões. Por esse motivo, fazer escolhas não é algo tão fácil quanto parece.

Vamos analisar um caso. O nome da pessoa e da empresa foi preservado. Francisco B., gerente comercial da empresa T&S, certo dia, em um *happy hour*, encontrou o André, um amigo da faculdade que estava trabalhando na empresa Cia&Cia, onde Francisco sonhava trabalhar. O amigo falou que abriu uma vaga para gerente comercial e Francisco se ofereceu para ocupá-la. André ligou imediatamente para o gerente do RH para informar a indicação e agendaram uma entrevista para o dia seguinte. Francisco voltou para casa pensativo, com seu diálogo interno a bombardeá-lo com questionamentos. Suas emoções preencheram seus sentimentos de expectativas positivas e negativas em relação à mudança de emprego. Ele não dormiu a noite, amanheceu confuso e aflito.

Ele desejava trabalhar na empresa Cia&Cia, porém, estava insatisfeito com os resultados da equipe, pois tiveram uma queda brusca de produtividade. Conhecia sua capacidade e competência para assumir o cargo, mas sabia que o resultado da equipe atual era de sua responsabilidade. Esse sentimento e pensamento estavam tão altos em sua mente que criou um clima de desconforto e insegurança no momento da entrevista.

O gerente do RH fez a pergunta fulminante, queria saber como estavam os resultados da equipe atual que ele gerenciava, Francisco elevou a equipe ao máximo, mas sua comunicação não verbal o contradizia. Ao ser questionado por qual motivo queria sair da empresa atual, falou do desejo de trabalhar na empresa Cia&Cia. O gerente do RH o dispensou, falando que entraria em contato. Francisco saiu chateado e insatisfeito. Não foi contratado, permanecendo na T&S.

Nesse caso, alguns acontecimentos premeditaram a não contratação de Francisco, vamos avaliar:

1. A insatisfação com os resultados da equipe causou um sentimento de incapacidade e gerou a emoção de raiva e medo.
2. A oportunidade de mudança de empresa, que provocou um sentimento de alívio e emoção de alegria e impulsividade.
3. O diálogo interno conflitante, que gerou um sentimento de confusão e expectativas, causando uma emoção de angústia e aflição.
4. A falta de foco e mau uso da inteligência intrapessoal causaram o sentimento de desconforto e a emoção de insegurança.
5. O cansaço físico e mental provocou o sentimento de agitação, chateação e insatisfação, e a emoção de tristeza.

As ações tomadas por impulso tendem a decisões incorretas, não que elas estejam erradas, mas o tempo e a forma como é decidido impacta diretamente no resultado.

Não é prudente sair com um barco em alto-mar no meio de uma tempestade, é necessário aguardar que ela passe para sair com o barco em segurança. No meio da tempestade não conseguimos escolher a rota correta, nos falta visão e essa, para estar clara, depende do nosso diálogo interior, que no meio da tempestade está gritando, fazendo muito barulho em nossa mente.

Quando há barulho, nosso diálogo interior desequilibra nosso emocional. Nesse momento, são necessários o silêncio e a calma. A falta desses dois itens promove carência, gerando a necessidade da opinião de outra pessoa o tempo todo, do apoio e aplauso do outro.

Instala-se um conflito emocional porque a decisão tem que ser somente sua. A sua realização está em você e não no outro – muito embora o outro faça parte da sua história e tenha a liberdade de dar opiniões –, você precisa estar em condições emocionais de conversar serenamente e refletir com calma a respeito, pois é com o diálogo interno calmo, tranquilo que conseguirá acessar suas múltiplas inteligências.

A mente humana é muito complexa, por isso é difícil limitar por testes e aferições. Embora haja séculos de estudos da inteligência humana, muito já foi provado que valores de QI elevado não determinam sucesso profissional, social ou de aprendizagem. A história nos mostra exemplos de pessoas com QI baixo que tiveram grande destaque social, profissional e até acadêmico. São muitos os fatores cognitivos e não cognitivos que interferem na capacidade de compreender e solucionar problemas, como medos, estímulos, tensões etc. Por sermos compostos de inteligências múltiplas, em grau e nível diferente, nossa inteligência não se limita ao seu conceito, pois cada ser humano tem suas emoções, valores e crenças.

Para que você inicie o processo de autoavaliação e verifique em que área reconhece ter habilidade, responda aos exercícios apresentados a seguir.

No primeiro, você fará uma comparação de suas habilidades com as de outras pessoas. No segundo, revisará de forma detalhada suas próprias habilidades, conhecimentos e as experiências que já adquiriu. Os dois têm como base a legenda a seguir:

Pessoas: habilidades de trabalho envolvidas ao lidar com pessoas. Podem abranger a gestão e organização de pessoal, persuasão e negociação, apoio e ajuda, ensino, entretenimento ou compreensão dos outros.

Coisas: habilidades relacionadas com o fazer ou construir objetos. Podem abranger o uso de ferramentas manuais e trabalho com máquinas, a capacidade de entender como as coisas funcionam e ter boa coordenação motora.

Dados: habilidades envolvidas no tratamento da informação. Podem abranger a interpretação de um gráfico, trabalhar com números em um computador, decidir a melhor forma de apresentar e comunicar informações.

Ideias: habilidades associadas à criatividade. Podem incluir a concepção ou adaptação de objetos ou máquinas, improvisação, ser inovador, ter interesse em ideias e em como desenvolvê-las, experimentar e investigar.

Exercício 1. Reflita a respeito de suas habilidades e avalie-se em comparação com a população em geral, questionando sobre qual o seu nível de habilidade para trabalhar com pessoas, coisas, dados e ideias, e marque um X na opção mais apropriada a você.

	Excelente	Muito bom	Bom	Não muito bom	Ruim
Pessoas					
Coisas					
Dados					
Ideias					

Exercício 2. Revisão de habilidades, conhecimentos e experiências. Faça-o em algumas etapas, conforme indicado a seguir, usando a mesma legenda do exercício anterior.

A. Em um caderno, faça uma lista das atividades de trabalho que já exerceu. Se ainda não trabalhou, pode ser um *hobby* ou uma função como tio, aluno, pai, etc. Escolha pelo menos três casos.

B. Escolha uma das atividades, coloque como título no topo da página do seu caderno e, logo abaixo, liste as habilidades e as experiências que estavam envolvidas nos trabalhos ou funções que listou no item A, identificando as aptidões e conhecimentos adquiridos. Exemplo:

Atividade ou função		
Habilidades	**Experiência**	**Conhecimento**

C. Responda as perguntas a seguir, preenchendo os espaços respectivos, repetindo o processo para cada atividade de trabalho ou função listada no item A.

    1. Quais habilidades usou para realizar essa atividade ou função?
    2. Quais habilidades teve que adquirir para realizar essa atividade ou função?
    3. Quais habilidades acredita que precisa adquirir para realizar essa atividade ou função?
    4. Quais foram as experiências adquiridas na execução dessa atividade ou função?
    5. Qual a experiência mais marcante associada a essa atividade ou função?
    6. O que mais gostou e o que mais detestou fazer nessa atividade ou função?
    7. Quais foram os conhecimentos adquiridos nessa atividade ou função?
    8. O que precisou aprender para executar essa atividade ou função?
    9. Você tinha qualificação educacional, acadêmica ou profissional para executar essa atividade ou função? Se não, teve que fazer algum curso ou formação?

D. Examine os formulários preenchidos e analise suas anotações. Marque, nos itens das atividades, aquilo em que você é excelente, muito bom, bom, não muito bom ou ruim.

E. Identifique as coisas que aparecem várias vezes e anote separadamente quais foram os padrões que repetiu nas habilidades, experiências e conhecimentos.

F. De todas as atividades ou funções, destaque a que mais gostou, a que acredita ser a mais importante para você e a que dedicaria mais do seu tempo para fazer.

G. Anote quais foram as qualidades pessoais que observou em si mesmo nesses exercícios, fazendo uma lista detalhada de seu perfil.

H. Anote quais os pontos fortes e fraquezas que percebeu nestes exercícios. Identifique em que áreas estão esses pontos fortes e use essa informação para desenvolver o seu plano de carreira.

Construindo uma carreira promissora

Pensar em carreira não é apenas pensar em entrar no mercado de trabalho como empregado ou empregador, mas, também, em realizar talentos. Isso não se limita à idade ou situação social, pois tanto para quem está trabalhando, quanto para quem já se aposentou, realizar talentos é também construir uma carreira de sucesso.

Um dos significados da palavra carreira é qualquer profissão que oferece oportunidades de progresso. A maioria das pessoas busca construir a própria carreira, escolhendo o que gostaria de fazer e encontrando formas de chegar lá. Para muitos, a carreira se faz com a sua própria história, porém poucos se dedicam a planejar o rumo de suas vidas profissionais.

O mercado apresenta pacotes prontos de carreira, são as chamadas carreiras do momento, ou profissões do futuro, que geram procuras por cursos e formações. Há cursos que facilitam o ingresso no mercado de trabalho e há outros que irão demandar um pouco mais de esforço até que a sonhada vaga apareça. Cabe a cada um avaliar se essa oferta faz parte do seu perfil, por isso a importância de conhecer a si mesmo.

Para se conhecer e construir uma carreira promissora, é importante fazer um planejamento eficaz e esse trabalho é possível no processo de *coaching* de carreira, portanto busque um profissional que lhe dê esse apoio e construa com ele o seu plano de ação para construir uma carreira promissora.

Descobrindo sua vocação

Os pais são os melhores conselheiros, porém eles precisam ouvir, incentivar e agregar informações úteis, dando suporte para que seus filhos tomem as próprias decisões, cometam os próprios erros, pois só assim poderão extrair verdadeiras lições.

Muitos adolescentes, por não se sentirem capazes de tomar decisão em relação à profissão, precisam ter em mente que, independente do curso que escolher, não se considerem prisioneiros do diploma, porque é possível mudar a atividade profissional depois de formados na universidade, muitas pessoas fazem isso.

Para não perder tempo e dinheiro na busca da melhor carreira, invista em desenvolvimento pessoal, busque conhecer sua inteligência emocional e descubra qual a sua vocação. Assim, a escolha da carreira não será problema, será algo prazeroso e motivador.

A seguir, uma lista de alguns passos que será de grande auxílio nessa descoberta.

1. Conhecer suas habilidades, competências, talentos e seu perfil de personalidade.
2. Identificar a área de interesse.
3. Buscar informações e conhecimento da área escolhida.
4. Investigar com familiares, amigos ou conhecidos que já sigam a profissão que te interessa, para coletar dados das experiências que eles já têm.
5. Ir ao local onde é feito o trabalho que você identificou como interesse para conhecer o ambiente, a postura das pessoas e observar se gostaria de passar horas do seu dia ali.
6. Ao buscar uma formação superior, vá à universidade conhecê-la, questione, informe-se para definir se é esse o curso ideal para a carreira que quer seguir. (É comum pessoas desistirem da profissão quando entram na faculdade, pois só aí é que percebem que não tem nada a ver com o seu perfil e, pior, se obrigam a estudar aquele ano somente porque passou no vestibular.)
7. Buscar apoio de um profissional *coach* para um trabalho de *coaching* de carreira.
8. Evitar idealizações.
9. Projetar-se para o futuro.
10. Escolher com calma.

11. Construir um bom *curriculum*, claro e objetivo.
12. Cuidar do *marketing* pessoal.
13. Se preparar para dinâmicas de grupo.
14. Buscar atividades ou especializações que lhe dê um destaque a mais na profissão.

Procure fazer uma avaliação geral das opções de carreiras escolhidas, construindo planos A e B, pensando na possibilidade de mudar de um plano para outro caso descubra que um deles não é adequado ou não possa ser realizado no momento.

Planejando a carreira

Levando em consideração que nossa vida é moldada pelo nosso trabalho e que é grande sua importância, desejamos que ele seja estimulante, prazeroso e harmonioso com nossas habilidades, talentos e interesses pessoais.

As oscilações econômicas criam mudanças no mercado de trabalho tornando-o dinâmico. Muitas profissões ora estão em alta, ora em baixa, outras já extintas, como exemplo dos birôs, que os profissionais tiveram que adquirir novos conhecimentos para manterem-se no mercado. Conhecer as necessidades que o mercado busca e atualizar o *curriculum* com especializações faz toda a diferença em uma contratação. Isso faz parte do planejamento de carreira.

Mesmo que seja possível fazer sozinho, o apoio de um profissional traz a vantagem de trabalhar atividades e exercícios práticos atualizados, além de ampliar a percepção de si em relação a quem é, ao que quer, quais são suas qualidades, capacidades, competências e as que precisa desenvolver.

Para compreender como pode ser feito esse planejamento, seguem algumas perguntas, cujas respostas ajudarão a construir uma ideia de desenvolvimento pessoal e profissional.

1. O que você quer obter com o trabalho que faz ou quer vir a fazer?
2. Qual razão considera importante quando reavalia sua carreira nesse momento?

3. Sua escolha profissional restringe alguma atividade que gostaria de ter mais tempo para dedicar-se? Qual?
4. O que é mais importante para você no trabalho?
5. Que valor o empregador verá em você ao entrevistá-lo?
6. O que outras pessoas falam a respeito de seus talentos?
7. Como pretende equilibrar sua vida profissional com a vida pessoal?
8. Quais valores profissionais considera mais importante?

A vocação profissional se manifesta pela capacidade de realizar algo que se faz muito bem. Quando uma tarefa parecer fácil e sentir uma satisfação que traz benefícios tanto para você quanto para as pessoas próximas, provavelmente, essa é sua vocação.

Descobrindo a vocação, o próximo passo é planejar a carreira e aprofundar-se no desenvolvimento de habilidades comuns ao cargo pretendente, que pode ser por meio de cursos de formação, treinamentos dentro da empresa na qual já trabalha e por processo de *coaching*. Iniciar uma trajetória de sucesso é iniciar o autoconhecimento, esse é o primeiro passo rumo à carreira promissora.

Referências

Duhigg, C. *O poder do hábito: porque fazemos o que fazemos na vida e nos negócios*; tradução Rafael Mantovani. Rio de Janeiro: Objetiva, 2012.

Hirsh, W.; Jackson C. *Planejamento de carreira em uma semana*; tradução Carlos Leite da Silva. São Paulo: Figurati, 2014.

Sampaio, M. *Escolha certa: como tomar a melhor decisão hoje para conquistar uma carreira de sucesso amanhã*. São Paulo: DSOP Educação Financeira, 2012.

Santos Jr., Hugo. [org.]. *Da graduação para o mercado de trabalho: caminhos para o sucesso*. Rio de Janeiro: Editora Universidade Estácio de Sá, 2014.

8

Coaching de carreira *Coaching* e *empowerment*

"O *coaching* é um processo conversacional que utiliza técnicas e conhecimentos de diversas áreas da administração, gestão de pessoas, psicologia, linguagem Ericksoniana, planejamento, comunicação e negociação que vem comprovando ser uma das mais importantes e eficazes ferramentas para o desenvolvimento pessoal e profissional do século XXI"

Valter Assis

Valter Assis

É um profissional com mais de 30 anos de experiência na área de Recursos Humanos no âmbito da América Latina, adquiridos em organizações multinacionais como GlaxoSmithKline, Grupo Amanco, Lear Corporation, ADM-Archer Daniels Midland Company, Dade-Beheringer, Baxter Travenol e Eli Lilly do Brasil. É *Coach* técnico em RH, consultor adjunto da Sagitta for Training, é especialista em Diagnóstico Organizacional, Desenho Organizacional e Gestão de Talentos e coautor do programa de Empreendedor Interno. Conta com experiência Internacional nos Estados Unidos e América Latina. É autor dos livros MAPA DA VIDA, COACHING DE CARREIRA e RH DIRETO AO PONTO e escritor para a revista Coaching. Possui graduação como Relacões Públicas-Anhembi-Morumbi e Especialização em Recursos Humanos–FGV. É certificado como Especialista em Comunicação Social-Carlow College, EUA e como *Global Leader Coach*-Coaching University. Tem vários cursos em Escolas de Administração e Negócios, tais como Michigan University, Berkeley-University, INCAE- Costa Rica e em terapias do Ser Humano integral pelo IFISI–Institute for Inner Studies, Inc.- Philippines.

Contatos
www.sagittadesenvolvimento.com.br
valterassis@sagittadesenvolvimento.com.br
valterassis@hotmail.com
www.facebook.com/RH Direto ao Ponto
www.twitter.com.br
LinkedIn/Valter Assis
(11) 4496-5629 / 96083-0003

História do *coaching*

Atualmente, o *coaching* utiliza muitos princípios e práticas provenientes da área esportiva. O mundo corporativo e educacional já reconhece a profissão e sua importância. A literatura e os nichos de atuação são crescentes e surpreendentes na sua magnitude. As principais áreas de atuação do *coaching* hoje são profissionais (negócios, carreiras e executivos) e pessoais (vida, esportes, saúde, relacionamentos, finanças entre outros). O *coaching* veio aperfeiçoando-se ao longo do tempo e sua história é mais ou menos assim:

Em 1500, surgiu na Inglaterra o uso da palavra *coach* para denominar aquele que conduz uma carruagem que transporta pessoas de um lugar para outro, que chamamos em português de cocheiro.

Em 1850, a palavra *coach* era utilizada nas universidades da Inglaterra para denominar o tutor de uma pessoa. Um tipo de treinador, aquele que ajudava os estudantes a se prepararem para os exames.

Em 1950, passou a ser incorporado no linguajar corporativo, na literatura de negócios como uma habilidade de gestão de pessoas.

Em 1960, um programa educacional em Nova York introduziu pela primeira vez habilidades de *coaching* de vida. O programa foi transportado para o Canadá e melhorado com a inclusão de resolução de problemas.

Em 1980, programas de liderança incluíram o conceito de *coaching* executivo e o mundo dos negócios começou a dar importância ao tema. A partir da década de 80, o *coaching* emerge como uma disciplina poderosa.

O papel do *coach* – Desenvolver pessoas

Essa é, sem dúvida, a maior habilidade de um profissional de *coaching*. O *coach* estabelece uma relação de confiança entre ele e seus clientes, os chamados de *coachees* e os estimula a alcançarem seus objetivos e metas, muitas vezes ainda não tão claras em razão da pressão que sofrem no dia a dia.

O processo de *coaching*

O trabalho inicia-se normalmente pela definição dos objetivos visados pelo cliente, que podem abranger áreas tão diversas como a gestão do tempo, relacionamento interpessoal, trabalho em equipe, assertividade, controle do estresse, motivação de equipes e outras. As questões ou temas podem ser de origem pessoal ou profissional, carreira, esportes, equipe, enfim, que contribuam para o desenvolvimento de uma ou mais pessoas.

Definida a meta, antes do Plano de Ações, é feita uma análise do que contribui ou impede o alcance dela, seja por parte do cliente e/ou do cenário em que está inserido. Nessa fase, valores e crenças são confrontados com a meta e se há congruência entre eles. O *coach* avalia as forças e fraquezas do *coachee* face aos objetivos visados e ao meio em que esse atua, e define um plano que permita alcançar os resultados desejados.

Com base no desenvolvimento de competências técnicas e emocionais, o *coach* atua como um "olho externo" para seu cliente, apoiando-o em seu autoconhecimento por meio de um ângulo novo de visão. A duração do processo é em geral de três a quatro meses, dependendo do caso e da resposta de cada indivíduo.

O *coaching* pode funcionar como uma forma de estímulo e acompanhamento a longo prazo adaptada às necessidades de desenvolvimento pessoal, acompanhamento profissional de pessoas em diferentes profissões e contextos.

História do *empowerment*

O conceito *empowerment* surgiu há algumas décadas nos Estados Unidos. A palavra vem do *empower,* que significa delegar, empoderar ou fortalecer alguém para uma determinada ação ou tarefa com muito mais capacidade.

As técnicas empregadas para desenvolvimento do *empowerment* são infinitas, porém constituem-se ao longo do tempo em ferramentas poderosas de gestão humana que, no âmbito corporativo, são capazes de moldar a cultura do ambiente onde os conceitos são aplicados, aumenta o engajamento das pessoas com suas missões, prepara para a delegação de poder das lideranças, estimula a participação e tomada de decisões, propicia mais confiança, estimula assumir compromissos, intensifica a comunicação.

No âmbito pessoal, fortalece a autoestima, crença em si mesmo, a motivação e até o empreendedorismo.

Não faz muito tempo, atendi a um curso denominado "O empoderamento" palavra ainda nova no nosso vocabulário, porém havia sido tomado emprestado da tradução do *empowerment*, com o propósito de enfatizar a robustez do conteúdo do curso e como ele poderia potencializar, elevar a autoestima das pessoas para acreditarem em suas capacidades internas. E, dessa forma, estariam encorajando-as a assumirem seu poder pessoal, motivando-as a utilizar sua criatividade e fortalecendo a iniciativa para colocá-las em prática.

Empowerment – Quatro pilares

Poder – Dar poder às pessoas, delegando autoridade e responsabilidade em todos os níveis da organização. Isso significa dar importância e confiar nas pessoas, dar-lhes liberdade e autonomia de ação.

Motivação – Proporcionar motivação às pessoas para incentivá-las continuamente. Isso significa reconhecer o bom desempenho, recompensar os resultados, permitir que as pessoas participem dos resultados de seu trabalho e festejem o alcance das metas.

Desenvolvimento – Dar recursos às pessoas em termos de capacitação e desenvolvimento pessoal e profissional. Isso significa treinar continuamente, proporcionar informações e conhecimento, ensinar novas técnicas, criar e desenvolver talentos na organização.

Liderança – Proporcionar liderança na organização. Isso significa orientar as pessoas, definir objetivos e metas, abrir novos horizontes, avaliar o desempenho e proporcionar retroalimentação.

O *empowerment* não é algo estanque, mas funciona em um *continuum*, que vai desde um baixo até um elevado grau de delegação de poder. Quando esse grau é elevado, estamos diante de equipes de alto desempenho, graças à excelência da sua dinâmica e aos resultados proporcionados.

Linguagem Ericksoniana – Ciência ou técnica?

Considerada a revolução da hipnose clássica, a Hipnose Ericksoniana é um método diferente, participativo e adaptado à realidade individual de cada cliente, respeitando suas necessidades, medos, limitações e desejos. A técnica é baseada na percepção de Erickson, que observou distintas formas de manifestação de uma mesma doença em pacientes diferentes, identificando que cada um deve ser tratado de modo único.

Esse método procura conhecer a linguagem de cada paciente e sintonizar-se a ela para, assim, acessar seu modo de comunicação e usá-lo durante o processo terapêutico, sempre respeitando os padrões, valores e crenças individuais.

A Hipnose Ericksoriana foi desenvolvida pelo psiquiatra estadunidense Milton Hyland Erickson, considerado uma das maiores autoridades mundiais nas técnicas de hipnose aplicadas à mudança de comportamento.

Fundador e presidente da Sociedade Americana de Hipnose Clínica (American Society of Clinical Hypnosis), Erickson defendia que a mente inconsciente é mais criativa e possui maior capacidade de gerar soluções positivas frente aos problemas. Afirmava, ainda, que todos os processos de aprendizagem e mudanças comportamentais são inconscientes e, para serem potencializados ou modificados, devem ser trabalhados nesse nível da mente.

Coaching – Momento ideal

As razões para definir os possíveis candidatos ao *coaching* normalmente incluem, por exemplo, desde a definição da área de atuação mais indicada para o perfil da pessoa na busca do primeiro emprego a questões de baixo desempenho no cargo atual. Oportunidades de desenvolvimento, preparação para mudanças, transferência de função, mudança de nível hierárquico, controle de alto estresse, ajuda na falta de motivação, problemas pessoais que afetam o trabalho, entre várias outras razões que também justificam essa necessidade.

A própria pessoa deve perceber quando é o momento ideal para procurar a ajuda de um especialista para o *coaching*. Normalmente é quando começam a surgir incógnitas sobre alguns aspectos da vida pessoal ou da carreira. Quase sempre parte de uma pergunta que se faz a si mesmo: "E agora, o que devo fazer?".

O processo ajuda o profissional a refletir e a chegar a algumas conclusões: Estou fazendo o que gosto? Sinto-me motivado para fazer o que faço? Trabalho na função certa? É hora de mudar de área? Estou utilizando todas minhas competências no trabalho? Devo mudar de emprego? Seria melhor ser um empreendedor independente?

O *coaching* também vem obtendo efetividade no preenchimento da lacuna deixada pelas pesquisas 360° de *gap assessment* aplicadas pelas empresas, onde os *feedbacks* que os profissionais recebem, com algumas raras exceções, não são acompanhados de orientações nem recursos apropriados que propiciem o desenvolvimento de competências capazes de resolver os *gaps* apontados. Nesse caso, o objetivo desse processo normalmente inclui: identificar o *gap* ou brecha existente entre as habilidades de desempenho apresentadas e os níveis desejados, construir as competências desejadas para melhorar o desempenho e estimular e ajudar os profissionais para que possam enfrentar essas mudanças.

Qualquer que seja a necessidade, o sucesso do processo se deve por estabelecer uma relação de confiança entre as partes e enfocar nas necessidades do indivíduo em particular, preparando-o com as habilidades exigidas pelo mercado de trabalho, diferente dos treinamentos tradicionais que têm um enfoque mais coletivo.

> "O *coaching* direciona o desenvolvimento de competências das pessoas para melhoria do desempenho. É um processo dinâmico de inter-relação que apoia a pessoa para produzir melhores resultados". (International Coaching Federation)

O processo de *coaching* e *empowerment* – Vários tipos de técnicas

Counselling – Para dar apoio emocional durante o processo.
Mentoring – Para ampliar a visão profissional e pessoal.
Tutoria – Para propiciar apoio estruturado ao desenvolvimento profissional.
Confronting – Reflexões sobre a resistência ao *feedback* e à mudança.

O processo de *coaching* e *empowerment* – Etapas típicas

Objetivo – Identifica o assunto, define os objetivos concretos para cada etapa do processo, estabelece objetivos de médio prazo.
Realidade – Estimula a autorreflexão, fornece *feedback*, reforça atitudes, valores e normas.
Alternativas – Avalia as alternativas, solicita e fornece sugestões, analisa e ajuda a definir a melhor alternativa.
Acordo – Define o compromisso mútuo, identifica possíveis barreiras, ajuda a definir as etapas e metas, definir a necessidade de apoio.

> "Mediante um processo de *coaching*, as pessoas aprofundam sua aprendizagem, melhoram seu desempenho e estimulam a qualidade de vida". (International Coaching Federation)

Coaching de carreira – Experiência própria

Quando estava chegando a hora de definir que tipo de graduação me seria mais indicada, antes de participar do exame de vestibular para ingressar na faculdade, buscava saber qual se adequaria melhor ao meu perfil pessoal, comportamento, gosto e forma de pensar. Na adolescência, eu estava encontrando muita dificuldade em saber o que realmente gostaria de fazer.

Na época, o meu então supervisor do departamento de finanças, setor onde eu trabalhava, foi quem me ajudou atuando como um verdadeiro conselheiro. Ele me despertou para as minhas características pessoais de relacionamento, boa comunicação e maneira de pensar. Por essas, acreditava ele que eu poderia me sair bem se estudasse comunicação.

Seguindo sua orientação, fui à busca de informação para saber do que se tratava esse curso, o que até então eu não fazia a menor ideia do que era. Logo, me deparei com várias dúvidas, porque dentro dessa categoria encontrei várias possibilidades de profissões, que iam desde a graduação em Comunicação Social, Propaganda e Publicidade, *Marketing* a Relações Públicas.

Para saber em que consistia cada uma dessas profissões, tive que recorrer à boa vontade do meu supervisor e, naquele momento, também meu conselheiro "o *coach*", o qual me ajudou a identificar um livreto que trazia uma pequena descrição do programa de cada um dos cursos e suas respectivas áreas de atuação.

Meu bom líder me orientou, acompanhou, fez perguntas e me deu dicas durantes algumas semanas. Ele me ajudou a descobrir e compreender quais eram as minhas aptidões; a analisar e clarificar em que consistia cada uma das possibilidades de formação; descobrir com a qual eu mais me identificava; me ajudou a desenvolver estratégias do que eu poderia fazer para atingir meus objetivos de estudo.

O fato é que o meu supervisor realizou um verdadeiro *coaching* de carreira comigo, na medida em que, como meu conselheiro e treinador, sem que nem ele e eu conhecêssemos então o significado da palavra *coach*, que futuramente se tornaria tão conhecida.

"O cliente coachee aprende de seu próprio processo de aprendizagem".
(Octávio Calonge – Sagitta for Training)

Recursos Humanos - *Coaching* de carreira na prática

Agora, já no exercício de minha profissão como profissional de recursos humanos, muitas vezes tive que exercer esse papel de treinador ou de conselheiro. É uma das competências mais demandadas de um gestor de RH, que, além de bom comunicador, ter o dom de gente, deve ser um "mestre" na escuta ativa. Saber e por em prática a diferença entre o saber ouvir e compreender e o ato de escutar simplesmente.

Ao longo de minha carreira, muitos problemas pessoais de colaboradores foram resolvidos sem que eu fizesse absolutamente nada. Ou quase nada, porque na realidade eu dedicava meu tempo e os escutava, muito embora, na maioria das muitas vezes, não era necessário dizer realmente nada. Somente o ato de escutá-los e, às vezes, perguntar algo, era suficiente para que eles encontrassem por si só as respostas que buscavam!

A avaliação de desempenho

Em uma manhã bem cedo, um jovem supervisor responsável pelo setor de planejamento e controle de produção adentrou ao meu escritório completamente fora de si e, ali, sentado diante de mim, sem ao menos me cumprimentar, despejou todo o seu descontentamento com sua avaliação de desempenho.

Dizia discordar de todos os pontos fracos indicados na avaliação feita pelo seu chefe, o diretor de logística. E que ele considerava sua avaliação uma injustiça. Que nunca tinha sido dito nada a ele a respeito dos seus pontos fracos antes. E que esse resultado ruim implicaria na perda de seu mérito por desempenho. Que ele havia se dedicado o ano todo, trabalhado com afinco, colaborado com os setores da produção. Que nunca tinha recebido uma só reclamação e que, por isso, a considerava uma perseguição por parte de seu diretor.

Situação delicada. Eu estava diante de um conflito interno. Como profissional de RH, tinha aqui um chamado para gerenciá-la, cujo desfecho malsucedido poderia culminar com a perda de um bom profissional. Sem conhecer o poder das perguntas poderosas de um processo de *coaching*, pelo menos da maneira como elas são ensinadas nos cursos de formação de *coaches* atualmente, com a minha escuta ativa e sabendo o que perguntar, por puro senso comum, não me sai tão mal assim!

Iniciei perguntando como ele, se estivesse no lugar do diretor, avaliaria seu próprio desempenho. Essa pergunta levou ao supervisor fazer uma autoavaliação, ao mesmo tempo em que recuperava o seu controle emocional. A seguir, solicitei que explicasse o porquê de cada um dos pontos negativos, ainda como se estivesse no lugar do seu diretor, fazendo sua própria avaliação.

O passo seguinte foi levá-lo a converter cada um dos *feedbacks* negativos recebidos, como sendo informação construtiva ou áreas de oportunidades de desenvolvimento como uma preparação para o seu próprio *empowerment*. E, para cada ponto a melhorar, levei-o a identificar pelo menos uma ação ou treinamento a realizar. O resultado deste exercício levou-o a sair de minha sala com um plano de desenvolvimento individual.

Sem dúvida que a mudança de postura do supervisor o levou a ter uma atitude positiva diante de sua chefia imediata e o tirou da possível zona de conflito. Ele tomou o seu desenvolvimento profissional como um dos seus maiores desafios para o ano seguinte, culminando no final do ano com a promoção a gerente do departamento.

Esse é um caso real que exemplifica o poder de um *coaching* de carreira e seus resultados obtidos, quando aplicado por um profissional não especialista e não de forma estruturada. Imaginem o poder desse processo aplicado atualmente por um especialista com todas as técnicas mencionadas.

Coaching e *empowerment* – Novos valores geracionais

Quando os jovens chegam à fase da busca pelo primeiro emprego, é chegada a hora do início da vida adulta. Na maioria dos casos, durante a adolescência, pesquisas comprovam que a relação entre pais e filhos é até certo ponto abalada pela ausência de diálogo entre os mesmos. Felizmente, nesse momento eles precisam concluir sua relação de autonomia iniciada na adolescência e estabelecer seu relacionamento de uma forma mais adulta.

Embora não sejam mais crianças, os jovens adultos são carentes e necessitam de aceitação, empatia e apoio dos pais, e o apego a eles continua sendo ingrediente fundamental ao seu bem-estar. O apoio financeiro, especialmente para a educação, aumenta as chances de sucesso desses jovens nos papéis da vida adulta.

É nesse período que, felizmente, o relacionamento entre pais e filhos adultos volta a prosperar. O conflito então é canalizado para outro ponto, agora produtivo, por ter um objetivo comum, que é encontrar qual é a melhor área de estudo e qual profissão a seguir. Inegavelmente, nesse momento, são os pais seus primeiros *coaches*.

O questionamento agora passa a ser outro: "vou estudar e fazer aquilo que meus pais querem ou vou estudar e fazer o que eu gosto". A nova geração de profissionais milenários está enfrentando uma dualidade na decisão para ingressarem no mercado de trabalho. Se de um lado desejam viver como querem, com equilíbrio entre o trabalho e vida pessoal que lhes permita ter uma vida com mais sentido, por outro lado precisam descobrir os seus talentos individuais para encontrar qual estudo e carreira lhes é mais adequada a seguir. Não é tão fácil se chegar à conclusão dessa análise dúbia. Ao que parece, devia ser aquela que atende ou que pelo menos se aproxime de seus valores pessoais de jovem adulto capaz, daquilo que o leva sentir paixão pelo que faz e venha propiciar um sentimento de realização pessoal.

Essa busca do desejado equilíbrio, certamente não é fácil encontrar. Se já não é fácil ingressar no mercado de trabalho, muito mais árdua será ao deparar-se com a realidade da demanda do mundo corporativo. A constatação inicial é de que existe um vácuo no que se aprendeu na escola atualmente e as habilidades demandadas no dia a dia do trabalho nas empresas. A economia atual exige alta resiliência para mudanças constantes, criatividade e inovação.

A nova geração, portanto, não para de aprender nunca. É capaz de estudar, trabalhar e divertir-se ao mesmo tempo, muito distinto dos seus pais e avós, que precisavam ter um tempo específico para cada coisa, característica de suas gerações. Agora, com o avanço da tecnologia, o volume de informação que recebemos e temos que processar é imensamente maior do que há dez, vinte anos. O que se aprendeu na escola ontem, poderá não servir amanhã. Tudo muda em uma velocidade espantosa.

Tanto no ambiente corporativo como nas iniciativas privadas, as características pessoais de fazer algo novo, de forma diferente e inovadora são diferenciais altamente apreciados e valorizados, por garantir maior competitividade e sustentabilidade da atividade ou negócio. Advindo daí a necessidade de atualizar-se sempre, não parar de aprender, quer seja de forma autodidata ou pelos cursos, *workshops* etc., lembrando que se, em um determinado momento, você se encontrar diante do questionamento "e agora, o que devo fazer?", muito provavelmente você se lembrará do profissional de *coaching* de carreira.

Referências

ARAUJO, Ane. *Coach: Um parceiro para o SEU sucesso.* São Paulo: Editora Gente, 1999.

BERNHOEFT, Rosa Elvira Alba. *Mentoring – Abrindo horizontes, superando limites, construindo caminhos.* São Paulo: Editora Gente, 2001.

CALONGE, Octavio. *Business coaching.* Disponível em: http://www.sagittadesenvolvimento.com.br/#!services/c5ro Acesso: 29 out 15.

MARQUES, José Roberto. O *que é hipnose ericksoniana e como ela funciona.* Disponível em: http://www.jrmcoaching.com.br/blog/o-que-e-hipnose-ericksoniana-e-como-ela-funciona/Acesso: 29 out. 15.

9

Carreira e sucesso:
o *coaching* como instrumento de potencialização

Uma visão diferenciada de como alcançar uma carreira de sucesso, estabelecendo estratégias pessoais, de maneira lógica e objetiva, preservando o talento individual, maximizando os resultados em busca de uma jornada de felicidade

Wladimir Martins

Wladimir Martins

Profissional com mais de 20 anos de carreira, desenvolvida na área de Gestão de Pessoas e Desenvolvimento Organizacional. *Coach* de Carreira, Executivo, Vocacional e *Life Coaching*. Especialista no Jeito Disney de Encantar. *Leadership and Coaching Certification* pela Ohio University, *Master Coach* e *Coaching* Ericksoniano pelo IBC, *Professional & Self Coach* pelo IAC – International Association Coaching e IBC Instituto Brasileiro de Coaching, *Leader Coaching* pelo Behavioral Coaching Institute, *Disney´s Approach to Business Excellence, Disney´s Approach to Leadership Excellence, Disney´s Approach to Quality Service, Disney´s Approach to Creativity Innovation* pelo Disney Institute, Pós-graduado em Gestão de Pessoas em Ambiente Organizacional, Coordenador de Dinâmica de Grupos pela SBDG, Pedagogo, Estatístico, Professor Universitário, Sócio/Diretor da Opus Human, Diretor de Gestão do Conhecimento da ABRH Bahia.

Contatos
www.wladimirmartins.com
wladimir.martins@uol.com.br
www.facebook.com/wladimartins
br.linkedin.com/in/wladimirm
(71) 98488-4631

Quando iniciei meu processo de busca por uma carreira profissional por volta dos 16 anos, não tinha recursos financeiros disponíveis e não havia ferramentas a nível vocacional para minha orientação, sendo assim, fui buscar, diante do que tinha disponível, um sentido profissional. De certa forma consegui me orientar assertivamente, porém com mudanças no decorrer da minha trajetória. Hoje, analisando todas as etapas, chego à conclusão de que uma ferramenta corretamente aplicada naquela época, com certeza amenizaria meu desgaste durante as etapas do meu processo profissional.

Durante esses meus anos de aprendizado profissional, tenho avaliado cada uma das etapas necessárias para um processo de orientação de carreira qualificada, visando estabelecer e fornecer recursos decisivos para quem quer estruturar um plano sólido vocacional. Analisei inúmeras ferramentas disponíveis no mercado, do ponto de vista teórico e prático, registrei os fatores positivos e negativos e o nível de aderência delas.

Como identificar e aplicar de maneira prática e objetiva uma metodologia que utilize toda potencialidade do indivíduo, fazendo com que ele esteja o tempo todo energizado e motivado a seguir uma carreira diferente da planejada ou almejada inicialmente?

Como serão os profissionais do futuro e qual a melhor forma de orientá-los no sentido da conquista de uma grande carreira?

Depois de muito pesquisar os mais diversos assuntos sobre esse contexto, realizar experimentos práticos aplicando as ferramentas e estudar muito o comportamento humano, criei uma metodologia eficaz e eficiente, o qual denominei PCS – Planejamento de Carreira com Sucesso, tendo como alicerce o *coaching*. Essa metodologia procura atender todas as necessidades da definição de carreira dos indivíduos, fazendo com que eles possam, por meio do autoconhecimento, encontrar as suas verdadeiras essências, permitindo-os, então, enfrentar os caminhos profissionais futuros baseados em uma carreira sólida e prazerosa, exercendo uma profissão adequada, a qual estará totalmente alinhada com a sua verdadeira aptidão.

O PCS – Planejamento de Carreira com Sucesso foi construído com base em oito elementos que compõe as etapas de sua execução, levando-se em conta o "eu interno" e o "eu externo", pois eles serão a maior fonte de riqueza estabelecida neste processo, assim como variáveis de grande importância, para que se possa construir um processo sólido e consistente.

Os elementos que fazem parte dessa metodologia são:

- Perfil comportamental;
- Essência do prazer;
- Talentos potenciais;
- Pessoas de referência;
- Elementos restritivos;
- Planejamento estratégico pessoal;
- Ação para o futuro.

O perfil comportamental

Eu no meu autoconhecimento.

"A partir do entendimento de como sou e como interajo com o meio em que estou inserido, será possível encontrar a minha evolução".

Um dos grandes erros cometidos pelas pessoas ao longo da vida profissional é não utilizar, como base da análise pessoal, um relatório de perfil comportamental, pois ele oferece uma imensidão de informações que facilitam nosso entendimento sobre nossa forma de ser e se temos ou não flexibilidade.

Nosso processo evolutivo inicia-se a partir desse autoconhecimento, sendo algo impulsionador para estabelecermos a mudança interior e exterior, quanto às relações interpessoais. Esse elemento é crucial para avançarmos no processo de orientação de carreira. Conhecer os detalhes de como o seu *coachee* ou "cliente" funciona é fonte de subsídios para trilhar uma trajetória futura, fazendo com que ele reconheça o próprio destino e interaja com o meio de maneira a diminuir o desgaste emocional e o desprendimento de energia.

Tenho utilizado o perfil comportamental como estratégia inicial, não somente nas sessões de *coaching* de carreira, mas em qualquer tipo de atendimento que realizo, pois entendi, ao longo da minha experiência profissional dentro e fora do país e de muitos livros que estudei, que compreender o comportamento é abrir um leque de possibilidades ao *coachee*, com um direcionamento assertivo na condução de processos de *coaching* e, principalmente, na obtenção de resultados de maneira sustentável junto aos meus *coachees*.

É necessário de antemão esmiuçar os detalhes e as informações contidas em um perfil comportamental. A primeira coisa a se fazer é eliminar a conotação qualitativa que esse envolve, procurando demonstrar ao *coachee* que ele tem um perfil interessante para muitas atividades profissionais, basta somente direcionarmos a essa pessoa o perfil correto de carreira, aquele que esteja alinhado com o seu perfil de comportamento.

O perfil comportamental deve ser utilizado também como fonte de planejamento das outras etapas, pois ele será responsável por fornecer detalhes que nos ajudarão a conduzir todo o processo de *coaching*, tornando possível identificar e tratar de maneira assertiva algum elemento restritivo demonstrado pelo *coachee* e, da mesma forma, fornecer dados para potencializarmos nosso cliente.

Para exemplificar o nível de importância deste elemento no PCS – Planejamento de Carreira com Sucesso e demonstrar uma sequência lógica de construção, quero relatar um fato que me aconteceu com um de meus *coachees* durante uma sessão e ratificar a importância do uso do perfil comportamental. Em um de meus atendimentos iniciais relacionados ao *coaching* de carreira, recebi um adolescente, o qual a família fazia questão de direcioná-lo para uma carreira na área de biomédicas, ou seja, fazer medicina, algo extremamente comum nas famílias. Se continuasse a trabalhar com ele de maneira usual, provavelmente o direcionaria para um objetivo frustrante no futuro, como acontece com muitas pessoas. Não posso deixar de registrar que a frustração do adolescente era visível.

Porém, como havia dito, utilizei uma ferramenta de análise de perfil comportamental, que, além dos eixos de risco, extroversão, paciência e normas, muito comum para quem utiliza a base teórica do DISC de Marston, traz também outro eixo denominado autocontrole, que identifica a razão e a emoção interagindo com outros eixos, o que em minha opinião faz todo sentido.

Levando em conta todas as informações acima relatadas, no dia anterior ao meu primeiro encontro, costumo planejar a sessão e utilizei o relatório como fonte de leitura para identificar como seria nossa sessão. Surpreendentemente verifiquei elementos claros de comportamento, opostos a uma linha racional de direcionamento para medicina e isso já era suficiente para que eu conduzisse de outra maneira a minha sessão. E assim o fiz, durante todo o processo e em todas as sessões com base na minha metodologia do PCS – Planejamento de Carreira e Sucesso. O meu *coachee* se orientou então a identificar qual era a sua verdadeira carreira e a família embasbacada percebeu que o caminho da medicina era prenuncio de um barco à deriva. Hoje, esse *coachee* está feliz desenvolvendo a sua carreira e colocando em prática o seu perfil de comportamento. Utilizo também como complemento outras ferramentas de apoio como testes vocacionais, roda das competências entre outras.

É imprescindível nesta fase estabelecer uma relação de confiança com o seu *coachee*, pois ele estará em frente ao espelho se autoconhecendo e quanto maior for à assertividade do *coach*, melhor será o resultado, uma vez que esse depende de uma devolutiva bem direcionada e do entendimento completo de "como sou e de como interajo com o meio".

Podemos também utilizar os motivadores descritos pelo relatório para dar ênfase a eles junto ao nosso *coachee*, valorizando essas características em momentos oportunos e de maneira a ser estratégico pela busca de resultados.

Segundo grandes estudiosos e algumas empresas de excelência, toda boa contratação está relacionada com o perfil de comportamento que contratei, sendo assim muito mais fácil capacitar pessoas com necessidades técnicas do que com necessidades comportamentais. Com isso, quero dizer que será muito mais eficiente se colocarmos pessoas com o comportamento certo em um direcionamento certo de carreira. O comportamento diz tudo e é como nossa vida foi construída. Gosto muito de usar a metáfora da construção contextualizada por mim, como forma de exemplificar.

Metáfora da construção

O comportamento é como a construção de uma casa;
Passamos uma vida inteira arquitetando nossa moradia;
Preparando o alicerce para a sustentação;
Colocando cada tijolo para a edificação;
O telhado, portas e janelas para a proteção;
A pintura e a mobília para a decoração;
O importante é que um sonho concretizado;
Agora é prazer da realização!

Iniciamos nossa moradia;
Algumas pessoas veem e vão;
A cada dia situações inesperadas ocorrerão;
Um vazamento na pia da cozinha, sempre tem solução;
Uma luz que se queima e necessita de reparação;

Um dia sem água, o outro sem energia, mas tudo resolvido sem reclamação;
O importante mesmo e sentir que;
O bem-estar vem da resignação!

Com o passar do tempo;
Deixamos a porta aberta, permitindo invasão;
As janelas fechadas constantemente significa rejeição;
Paredes com trincos, o alicerce precisa de reconstrução;
Mobília envelhecida necessita de restauração;
O importante é entender;
Que o segredo de tudo;
É fazermos do que temos o melhor, para nossa satisfação!

A grande sacada é como fazer do que temos o melhor, aproveitando cada detalhe no sentido de fazer diferente ou a diferença, pois assim o prazer nunca acaba.

O nosso comportamento também funciona dessa maneira, é preciso entender e compreender que somos diferentes e interagimos com situações adversas diariamente.

O grande sucesso das minhas sessões de *coaching* de carreira é atribuído, exclusivamente, à metodologia que desenhei e, principalmente, por utilizar elementos que me auxiliam em ser eficaz e eficiente, conduzindo de maneira ética e consistente o meu *coachee.*

A essência do prazer

Eu com o que me satisfaz.
"A minha satisfação alimenta os meus fatores motivacionais, quanto mais prazer, mais motivado estarei e melhor será o meu resultado".

Por diversas vezes, em muitas das minhas conversas encontro pessoas que dizem que adorariam fazer ou trabalhar em algo que elas realmente gostassem e que aquele algo pudesse trazer satisfação, de maneira a permitir momentos de prazer.

Trabalhar com prazer, me faz feliz e ter melhores resultados?

Em uma análise mais aprofundada da frase, consigo extrair uma única palavra que provoca toda uma mudança no sentido comportamental, e, por conseguinte, no motivacional, assim definida como prazer. O prazer é a essência da manutenção motivacional, ele direciona, ele provoca, muda um comportamento, nos traz a sensação de bem-estar.

O prazer é um estímulo do organismo ou da mente, definindo que o que estamos fazendo é benéfico para nós. Assim concluo que quanto maior o prazer com aquilo que faço, maior será a sensação de bem-estar.

Felizes são aqueles que podem trilhar uma carreira atrelada ao prazer, que podem usufruir e promover constantemente a sua automotivação, pois poderá unir o útil ao agradável como se diz no popular. Essa é a melhor forma de estabelecer uma carreira promissora.

A grande questão é que muitas pessoas abrem mão de ter prazer no que fazem, simplesmente porque estão em busca do objetivo de ganhar muito dinheiro profissionalmente, mas penso que o dinheiro deve ser proporcional à felicidade que eu obtenho quando estou executando o meu trabalho. De nada adianta ter muito dinheiro com a minha profissão se ela não me trouxer a satisfação e a felicidade.

Constantemente me deparo com pessoas que investem muito dinheiro em carreiras que consideram promissoras do ponto de vista financeiro e, com o passar dos anos, abandonam tudo por conta da infelicidade. Outros insistem em continuar porque a carreira lhes oferece conforto, mas vivem uma vida medíocre do ponto de vista de se obter prazer e felicidade e vivem sobretudo frustrados por não conseguir aproveitar o que a vida tem de melhor.

Tenho inúmeros exemplos de carreiras bem-sucedidas financeiramente, mas onde os profissionais estão tristes, abatidos, desmotivados porque gastam rios de energia para fazer algo que não gostam, mas cumprem o papel de se inserir em uma sociedade capitalista.

Será essa a melhor forma de conduzir uma carreira profissional?

Passar anos refém de algo que não gosto de fazer, esse é o melhor caminho?

Muitas vezes elogiamos determinados profissionais pelo fato de se dedicarem integramente ao trabalho e por ser perceptível o prazer. O comentário em seguida é que esse indivíduo nasceu para fazer isto, essa normalmente é a citação que passa pelas nossas cabeças. Posso afirmar que ela tem um fundo de verdade, sendo que eu diria um pouco diferente, de maneira a interpretar assim o que realmente quer se dizer.

Esse profissional escolheu uma carreira que lhe traz prazer e satisfação, essa é a frase mais adequada para utilizar com pessoas que fazem da sua profissão a sua existência, pois somente assim será possível a dedicação, o comprometimento e a entrega.

Não faça do seu trabalho uma tempestade constante, um fardo a ser carregado, mas sim uma jornada de alegria e contentamento. Não sinta que levantar da cama todos os dias para ir trabalhar é um problema, mas sim uma solução, pois lhe fará bem e você estará sempre se permitindo vivenciar os prazeres de uma grande profissão e de ser um profissional reconhecido e de sucesso.

Não se deixe levar pelas variáveis que afetam principalmente os seus elementos restritivos, assunto que falaremos mais à frente, não permita que elas assumam o comando da sua vida, tenha domínio sobre as questões relacionadas ao seu prazer pessoal.

No processo do PCS – Planejamento de Carreira com Sucesso, esta é a fase de mapeamento dos itens que levam à satisfação e ao prazer. Aquilo que adoraria fazer, independente do "poder fazer". Identificar as fontes e os meios que podem me levar a um processo pleno de encanto, conseguir registrar tudo aquilo que é muito bom para mim e fará com que a minha carreira seja eficiente e eficaz.

Como podemos fazer esse trabalho de identificação dos prazeres que a vida pode proporcionar?

Pensando nessa maneira de realizar esse poderoso mapeamento e sabendo da importância para continuidade do processo de *coaching* de carreira, adaptei uma ferramenta bastante conhecida no mercado, a qual denominei como MPE – Matriz de Prazer e Efeito, ou seja, uma planilha para identificar as fontes de prazeres e os efeitos respectivos que provocam no indivíduo.

Na coluna ao lado esquerdo, estabelecemos e identificamos os itens que o meu *coachee* define como sendo de prazer. Procure estimular o *coachee* a fornecer no mínimo cinco itens para que a matriz tenha consistência. Exemplos de prazeres: assistir filmes, brincar com crianças, cuidar do cachorro, escrever poemas etc.

Na primeira linha acima, vamos identificar os efeitos que os respectivos prazeres provocam no *coachee*, que devem estar diretamente atrelados aos itens apontados na coluna, uma vez que estão relacionados. Exemplos de efeito: satisfação pessoal, conhecimento tácito, alegria, motivação etc. Lembre-se que todo prazer identificado irá provocar alguma causa específica.

A matriz é muito simples e deve ser trabalhada com linhas e colunas. Nas linhas vamos registrar os prazeres e nas colunas, os efeitos.

Após ter realizado essas seleções, ligue cada prazer ao efeito, atribuindo notas de um a cinco.

Relacionando coluna e linha, para cada item da coluna uma pontuação, para cada item da linha proporcional ao efeito gerado, sendo um a menor e cinco a maior. Ao final, some todas as pontuações atribuídas em cada coluna e em cada linha, assim você terá priorizado o item de maior prazer em relação ao maior número de efeitos produzidos.

Quando concluo a matriz, já tenho informações suficientes para verificar os itens de maior impacto e que produzem o maior número de efeitos, assim como qual é o efeito de maior potência. Isso me leva a uma análise para obtenção de subsídios que irão direcionar as sessões para que o *coachee* entenda onde está a sua fonte de prazer e ele, por si próprio, deverá se direcionar mais à frente para uma carreira mais alinhada com essas fontes.

Nesse caso, estou falando de uma etapa de avaliação das variáveis que impulsionam o indivíduo, no sentido de interagir com o meio e sentir um imenso prazer. Ouso dizer que quanto maior for este alinhamento e equilíbrio, maiores serão as chances de o *coachee* completar e chegar ao sucesso em sua carreira profissional.

A maioria dos *coachees* nessa fase de definição de carreira está na adolescência, o que dificulta ter uma visão mais apropriada do sentido do prazer relacionado à carreira profissional, uma vez que está aliciada pelo meio em que vive e é submetida ao cenário de produção efetiva de ganhos financeiros.

Jovens consumidos pelo senso de liberdade, independência e comando pessoal, produzindo de maneira efetiva uma energia que acaba canalizada para fins opostos aos desejados, onde, na grande maioria das vezes, prevalece uma forma rebelde de ser e de conquistar, ao mesmo tempo em que buscam serem reconhecidos e aceitos pela sociedade.

Todas essas intempéries do meio são como corruptores do foco principal, expondo de maneira incisiva o indivíduo, assim como há um desprendimento de energia difícil e desnecessário, uma vez que todos são movidos a uma forma de ser.

O comportamento poderá ser utilizado de maneira proativa quando estiver direcionado a se correlacionar com as fontes de prazer, pois o comportamento poderá impulsionar e, por conseguinte, fortalecer os fatores de prazer.

A motivação do indivíduo para algo está relacionada com o poder que ele tem de viver prazeres diários, somente assim encontrará um fator preponderante na vida que é motivar-se a todo instante e não somente quando receber algum prêmio ou algo do gênero. Motivação constante, essa é a melhor forma de mudar a vida, pois isso é algo que depende somente do indivíduo.

Os talentos potenciais

Eu com o que tenho de melhor.

" O talento é algo grandioso, que faz com que cada um de nós sejamos transformados em pessoas especiais".

O talento, apesar de ser uma palavra que muitos acham subjetiva, pode ser definido como aquilo que temos de melhor, o que denota nossa aptidão natural, a capacidade que temos em nossa inteligência de transformar o "algo" em extremamente bem feito.

Na minha visão, um dos itens de grande importância no mundo profissional, e que afeta diretamente um plano de carreira, chama-se potencial. Muitas vezes, em detrimento de uma escolha influenciada pelo ambiente e realizada de maneira incorreta, fará com que o potencial do indivíduo não seja utilizado de maneira plena, provocando assim rupturas na motivação do mesmo.

Os resultados podem ser ruins por conta de uma utilização inadequada ou indevida de talentos, por falta de gerenciamento de maneira precisa e por não termos profissionais preparados para identificar e lidar com essas potencialidades.

No processo do PCS – Planejamento de Carreira com Sucesso, essa é uma etapa fundamental a ser realizada junto ao *coachee*, podendo ser realizado tanto com as ferramentas mais tradicionais chamadas de testes vocacionais quanto por ferramentas mais especificas denominadas mapeamento de potencial.

Não importa a ferramenta, mas sim o produto gerado por ela e, principalmente, o contato do *coachee* com essas informações, para que desenhe em sua mente o caminho do futuro.

Nunca utilize o resultado desses instrumentos aplicando-os uma única vez, pois será necessário aplicar e reaplicar em outros dias, se possível até com ferramentas diferentes, assim teremos a validação dos resultados. A partir dessa informação, iniciaremos o processo de edificação da carreira, sendo necessário também verificar se o *coachee* se identifica ou não com as informações obtidas, pois isso também é subsídio para garantir a eficácia do processo.

Nossos talentos irão nos conduzir a uma carreira de sucesso, ao mesmo tempo em que provocam sensações incríveis em nosso termômetro motivacional, pois ele alimentará nosso cérebro de informações positivas, uma vez que estou fazendo algo que gosto e no qual possuo todas as habilidades.

A sessão com o *coachee* deve ser produzida com conteúdo e riqueza de detalhes, uma vez que podemos nessa etapa identificar elementos-chave para a definição do futuro de carreira, passo essencial para um PCS consistente, eficaz e eficiente. O produto dessa etapa também deverá ser utilizado na formatação do planejamento estratégico pessoal, no item identificação das forças.

As pessoas de referência

Eu com as pessoas que fazem a diferença.
"Na vida, é importante termos nosso ponto de referência, pois ele nos ajuda a manter o foco e a seguir com perseverança em meio às tormentas".

Desde muito cedo, adotei para minha vida dois grandes nomes que se tornaram grandes referenciais em termos de qualificação pessoal, profissional e no trilhar objetivos para minha vida. Um referencial serve como fonte de inspiração constante e principalmente como uma âncora que estabelecemos em direção a um ideal.

Um referencial é algo que traz admiração, motivação e um sentido de ter valores e ideais muito parecidos, de construir coisas similares, de ser tão bom quanto. Dessa maneira, ele produz efeitos benéficos em nossas mentes, introduzindo conceitos, propósitos e muitas outras coisas.

Essas pessoas podem nos ensinar valores, formas de conduta, lições de vida e até mesmo poderão nos fornecer dados de como construíram a sua trajetória de sucesso, fazendo com que tenhamos um aprendizado do que queremos ser no futuro.

Encontraremos também muitas frases desses referenciais que serão úteis para nos dar sentido quando estamos passando por momentos difíceis e pensando em desistir. Assim será possível ganhar ânimo novamente para continuar a trajetória de sucesso.

Estabelecer essa referência é como nos ligar a uma fonte de energia que diariamente nos reforça com uma carga elétrica, é um elo que nos fará sentir a renovação em busca de uma conquista ou de um ideal.

Ao escolher uma referência, o *coachee* deve identificar o porquê da escolha e, esse momento, será mais uma etapa muito rica de mapeamento, pois estaremos mais uma vez buscando o alinhamento e a ratificação dos potenciais mapeados.

É preciso fazer perguntas do tipo:

Qual foi o motivo da escolha deste referencial?
Que características o referencial possui as quais você se identifica?
O que mais lhe chama atenção neste referencial?

Esse processo investigativo das escolhas tem a finalidade de encontrar os porquês, pois serão utilizados para o *coachee* se autovalidar e se reconhecer em busca da sua jornada de conquistas, assim estaremos definindo a jornada em busca de um destino e não um destino para depois definir a jornada.

Em uma de minhas reflexões sobre o assunto jornada ou destino, escrevi a seguinte frase:

"O destino é uma história que você escreve para você e a jornada é você como protagonista dessa história".

Os elementos restritivos

Eu com os meus bloqueios.

"A todo instante nos colocamos em situações que nos bloqueiam e paralisam, é preciso aprender a dominar essas crenças e fazer delas um benefício".

Quando traçamos um objetivo, frequentemente nos colocamos a nos questionar, por diversos motivos, se vamos ter recursos, competência e motivação para ir até o final. Nesse momento, nossas crenças limitadoras começam a aflorar em meio a um turbilhão de outras coisas, com o único objetivo de nos dominar.

As crenças limitadoras são elementos restritivos do nosso processo de motivação e de credibilidade, que nos transformam em pessoas estáticas, como se tivéssemos ingerido um gás paralisante, nos induz a sermos seres mecânicos, que não agem e nem reagem aos estímulos externos, produzindo uma ação destruidora em nossos comportamentos.

É preciso que o *coachee* identifique, por meio de ferramentas específicas, quais as suas crenças limitadoras, pois dessa maneira estará exercitando mais uma vez o autoconhecimento. Mapear os sabotadores e convertê-los em forças impulsionadoras.

Nossos sabotadores são elementos nocivos ao nosso comportamento, pois exercem uma força contrária, eliminam nossa energia vital e nos deixam vulneráveis ao meio que interagimos, provocando um desgaste psicológico excessivo.

Muitas vezes a nossa história de vida é construída em um cenário com muitos altos e baixos, ou simplesmente com muitos baixos ou muitos altos. Em todos esses casos, para o ser humano, não há benefício algum, pois isso implantará em nossas mentes os elementos definidos como restritores, que pode se exemplificar em variáveis como medo, baixa estima, incredulidade etc.

Quando inserimos em nossas mentes movimentos desfavoráveis, ela trabalha no sentido contrário, exercendo uma atividade negativa. Por esse motivo, os fatores restritivos ganham força e avançam no sentido da autossabotagem. Identificar o que é restritivo e exercer uma energia oposta no sentido de enfraquecê-lo é fundamental no processo de avançar nas mudanças do comportamento.

A situação ainda pode ser pior, se o cenário reforçar ainda mais o processo. Nesse caso, estarão como forças propulsoras exercendo o negativismo e tornando a execução das ações algo hercúleo, que, de certa maneira, fará com que haja desistência do processo evolutivo do *coachee*.

Devem ser trabalhadas com o *coachee* ferramentas que sejam úteis na identificação das crenças restritivas ou limitadoras, sendo que o *coach* deverá ser hábil no sentido de fazer com que o *coachee* reconheça esses elementos, ou que ele possa trazê-los durante a sessão como, por exemplo, contando a sua história de vida.

Essa etapa de coleta de informações a respeito dos fatores que restringem ou limitam o *coachee* serão subsídios para a análise de SWOT, no item fraquezas.

A autossabotagem é um medo que nos assola e nos impede de sermos felizes, baseado única e exclusivamente no domínio de nossas crenças restritivas ou limitadoras.

O planejamento estratégico pessoal

Eu planejando a vida.

"Uma vida sem um bom planejamento é um tesouro nas mãos sem saber o que fazer com ele".

Muitas pessoas me perguntam: Como construir uma vida de sucesso?

Eu respondo: Você tem um planejamento da sua vida? Pois um bom planejamento é a chave para o sucesso de uma carreira profissional.

Um planejamento é algo que descrevemos o nosso objetivo, os nossos recursos e, principalmente, o cenário que temos à nossa frente, é simplesmente definir o que quero ser no futuro e se o cenário está favorável ou não, dessa forma saberei aproveitá-lo da melhor maneira possível.

Planejamento estratégico não é algo somente utilizado por grandes empresas, mas também por grandes pessoas. Quem utiliza um bom planejamento estratégico pessoal faz a diferença e sai na frente de muitos.

Planejar é pensar, refletir sobre uma série de variáveis que são importantes em nossa vida pessoal e profissional, que, no dia a dia, faz toda a diferença, pois se está planejado, vamos executar. Conheço inúmeros profissionais que utilizaram essa ferramenta e hoje são profissionais bem-sucedidos e felizes no que fazem.

Quero, mais à frente, relatar a minha história como exemplo clássico da importância do planejamento em nossas vidas e de como foi possível alcançar o sucesso com base em sessões de *coaching* de carreira.

Nessa etapa, o *coachee* deverá construir o seu plano estratégico pessoal, iniciando pela missão de vida, com as seguintes perguntas:

Qual a razão da minha existência?
Por que estou aqui?
Qual será o meu legado?

Algumas pessoas desdenham e creem que escrever uma missão de vida é algo subjetivo demais e que não tem efeito significativo. Eu, na minha experiência, afirmo categoricamente a minha discordância dessa colocação. Se você ainda não definiu a sua missão de vida, você ainda não deu um sentido para ela e, por conseguinte, pode estar caminhando por uma estrada que a levará a lugar algum.

A missão de vida define a razão da sua existência, os motivos de você estar interagindo com o meio, como você quer ser reconhecido, qual o seu legado para as pessoas no futuro, qual o seu epitáfio. Assim, presumo ser óbvio que a missão não é importante, mas sim fundamental para uma carreira de sucesso.

Não há como trabalhar um *coaching* de carreira sem o *coachee* definir a sua missão de vida. No PCS – Planejamento de Carreira e Sucesso, essa é uma premissa, devendo ser levada com muita seriedade, pois refletirá no futuro do seu *coachee.*

Em seguida, deve-se construir a visão, que será o direcionador para o futuro, com visão de curto, médio e longo prazo, as seguintes perguntas devem ser respondidas:

Como você será daqui alguns anos?
O que você quer ser no futuro?
Qual será o filme da sua vida?
Qual a sua percepção do amanhã?

A visão é uma forma de identificarmos onde queremos chegar, qual será o nosso destino, assim ela definirá uma direção a ser seguida. Em um comparativo, a missão é por que existimos e a visão é quem nós queremos ser.

Nessa sessão, o *coach* deverá utilizar todo material gerado nas etapas anteriores, os quais serão fontes de informação e de inspiração para o *coachee*, será uma autorreflexão sobre tudo o que foi mapeado, dando suporte para a construção da visão.

Não menos importante do que os dois itens anteriores, temos também a definição dos valores, pois esses dizem muito a respeito de nós. São realizadas perguntas do tipo:

O que eu valorizo?
Quais são os meus valores pessoais?
O que é que eu não estou disposto a abrir mão?

Valores são características de uma pessoa, que definem como ela se comporta e interage com outras pessoas e com o meio onde ela está inserida, traduzindo assim formas e maneiras de encarar os fatos. Os valores estão intimamente ligados ao perfil de comportamento.

O *coachee* deverá relatar, com base nas perguntas acima descritas no perfil de comportamento identificado, os seus valores e ao *coach* caberá a habilidade de fazer o *coachee* perceber, nas análises e no descritivo, a consistência do que foi relatado. Após a definição do direcionamento estratégico pessoal, vamos então analisar os cenários, interno e externo. Nesse momento, é necessário registrar, no cenário interno, nossas forças e nossas fraquezas e, no externo, as oportunidades e as ameaças que temos em nossa vida pessoal e profissional.

Nessa etapa, poderá ser utilizada a ferramenta SWOT, muito comum no dia a dia das empresas, mas pouco utilizada no âmbito pessoal, entretanto posso garantir que é uma ferramenta significativa e que ratifica o potencial do mapeamento pessoal.

SWOT é a sigla dos termos ingleses *Strengths* (forças), *Weaknesses* (fraquezas), *Opportunities* (oportunidades) e *Threats* (ameaças).

- ***Strengths* (forças)** – vantagens internas, o que eu tenho de melhor, minhas crenças impulsionadoras.
- ***Weaknesses* (fraquezas)** – desvantagens internas, quais os meus pontos de melhoria, minhas crenças limitadoras.
- ***Opportunities* (oportunidades)** – aspectos externos positivos que podem me potencializar.
- ***Threats* (ameaças)** – aspectos externos negativos que podem me colocar em risco.

A análise SWOT pode ser utilizada em cruzamento, que consiste em cruzar as informações dos quatro quadrantes de forma a obter uma estrutura que permita delinear estratégias importantes para o futuro pessoal e profissional.

Pontos fortes x oportunidades = plano estratégico pessoal aguerrido e assertivo, pois as oportunidades são absorvidas pela potencialidade.
Pontos fortes x ameaças = plano estratégico para driblar dificuldades e tornar o meio favorável, convertendo as forças em formas diferentes de fazer.
Pontos fracos x oportunidades = plano estratégico de reforço para fortalecimento no sentido de aproveitar as chances.
Pontos fracos x ameaças = plano estratégico de defesa, modificações profundas alinhadas a outras maneiras de ser e de pensar e contornar os obstáculos.

Na avaliação do cenário, é importante identificar todos os itens que afetam o cumprimento da missão e o alcance da visão, pois esses serão itens a serem ajustados durante o plano de ação.

Podemos subsidiar as etapas do SWOT da seguinte forma:

- As forças devem ser subsidiadas pelas etapas de análise do perfil comportamental, essência do prazer, talentos potenciais e pessoas de referência.

- As fraquezas devem ser subsidiadas pelas etapas de análise do perfil comportamental e elementos restritivos.
- As ameaças e as oportunidades devem ser identificadas no mercado, entre tudo aquilo que possa de alguma forma impulsionar ou impactar nos meus objetivos futuros, no sentido positivo ou negativo.

Essa etapa deve ser conduzida de maneira bastante criteriosa pelo *coach*, pois a edificação de uma carreira de sucesso futura dependerá do quão resistente é o alicerce.

A ação para o futuro

Eu agindo para o amanhã.

"Um bom plano de ação será capaz de conduzir ao sucesso e remover ou contornar os obstáculos do caminho".

Durante toda minha trajetória profissional, sempre fui categórico ao que diz respeito sobre como realizamos um planejamento adequado e a partir dele um plano de ação factível e exequível, pois somente dessa maneira estaremos garantindo o objetivo traçado.

A minha ótica de uma carreira que quer ser construída sobre bases sólidas de sustentabilidade deve ser calcada em um bom plano de ação. Há quem diga que um plano de ação paralisa o indivíduo em alguns momentos. Em minha opinião, paralisado fica aquele que não realizou um plano de ação adequado, que não selecionou ações importantes e prioridades.

O PCS – Plano de Carreira com Sucesso somente terá o seu resultado alcançado de maneira eficiente e eficaz se, após todas as etapas, um plano de ação for elaborado de maneira consistente e objetiva, resultando assim em ações que deverão fazer parte da vida toda.

O plano de ação é uma ferramenta para acompanhamento de atividades, onde se explicita quem é o responsável por cada atividade, os recursos necessários, o tempo de realização e o acompanhamento evolutivo.

Com um plano de ação em mãos, é possível apresentar de maneira clara e objetiva o andamento das atividades e todo o histórico de execução, incluindo as possíveis correções de rotas.

Uma ferramenta muito utilizada chama-se 5W2H, que é a representação de sete palavras em inglês que significam o seguinte:

- *What?* O que deve ser feito? (a ação, em si);
- *Why?* Por que esta ação deve ser realizada? (o objetivo);
- *Who?* Quem deve realizar a ação? (os responsáveis);
- *Where?* Onde a ação deve ser executada? (a localização);
- *When?* Quando a ação deve ser realizada? (tempo ou condição);
- *How?* Como deve ser realizada a ação? (modo, meios, método etc.);
- *How Much?* Quanto será o custo da ação a realizar? (custo, duração, intensidade, profundidade, nível de detalhamento etc.).

Um plano de ação não deve ser estático, pelo contrário, deverá ser revisado anualmente em conjunto com uma nova análise de SWOT, pois sabemos que o cenário está em constante mudança e influenciado por questões mundiais.

O *coachee* deve ser provocado no sentido de encontrar o seu melhor plano de ação, aquilo que o faça ter consistência e seja motivador o suficiente para ele, pois quanto maior for o envolvimento dele na construção, e a mesma fizer sentido em relação a todas as etapas do processo, melhor será o resultado final.

Quantas vezes identificam-se pessoas que deixaram para trás excelentes oportunidades de mudarem a vida, mas não estavam preparadas para abraçar a causa naquele momento, pois ao longo dela não eram direcionadas para tal e não tinham um plano de ação para o futuro.

Um plano de ação deve estar a serviço da materialização de uma jornada, em busca de um destino, ele não poderá ser algo que atormenta a vida, mas algo que a enobrece, que engrandece o indivíduo no sentido de estar preparado quando as grandes oportunidades acontecerem.

Uma grande história

Em toda minha trajetória de carreira, sempre procurei por muito conhecimento, diversificando os assuntos para que fosse possível uma visão sistêmica e não deixando me contaminar com um direcionamento único.

Influenciado por meu pai, enquanto adolescente, a ter uma carreira na área da odontologia, pois seria essa a profissão do futuro na visão dele e principalmente por questões financeiras, já presenciava minhas primeiras interferências externas.

Mas meu comportamento, apesar de não ter sido avaliado na época, me inclinava à criatividade, por meio do desenho, e às pessoas, apesar de ser introvertido e retraído nesse tempo.

Minha primeira formação foi um curso técnico na área de mecânica, iniciei uma trajetória diferenciada em relação à minha vocação, pois os meus talentos começavam a se aflorar. Fiz teatro no colégio e simplesmente adorei, fui funcionário do Banco do Brasil com excelente salário, mas aquele não era um trabalho que me dava prazer. Comecei a identificar então que gostava de diversidade e não de rotina, gostava de trabalhar com as pessoas e principalmente ajudá-las em seus desenvolvimentos, pois a minha carreira começava a se desenhar.

Passei por muitos cursos em minha formação, sem uma orientação clara do meu destino, fiquei exposto a muitas intempéries, mas sem perder jamais a força em acreditar que algo melhor estaria por vir. E assim me ocorreu depois de alguns anos, quando assumi a diretoria de uma grande empresa.

Diretoria de desenvolvimento humano e organizacional, tal nomenclatura parece criada especificamente para mim, será o destino?

Não, fui desenvolvendo ao longo da minha vida profissional meus talentos, e aproveitando cada oportunidade que passava pela minha frente. O importante era estar preparado sempre, por isso pautei a minha carreira no conhecimento e na busca constante por aprimoramento, independente da empresa em que eu atuava.

Hoje me dedico a fazer algo de muito prazer, contribuir com minha experiência para que a humanidade possa ser melhor e ter um futuro diferenciado, podendo ajudar pessoas a se desenvolverem e a conquistarem o sucesso.

Acredito que ter conhecimento e guardar comigo é simplesmente deixar um legado egoísta. Quero dividir tudo ao máximo, pois quero deixar um legado de desenvolvimento, prosperidade e, acima de tudo, de felicidade.
